JN012220

対話型論証による
学びのデザイン

学校で身につけてほしいたった一つのこと

松下佳代

勁草書房

はしがき

　この変化の激しい不確実で複雑かつ曖昧な世界を目の前にして学校で身につけてほしいことを思い描くとき、私たちは「あれもこれも」となりがちだ。1990 年代頃から、そのリストはさまざまな呼び名で提案されてきた。初等中等教育では、「PISA リテラシー」「OECD キー・コンピテンシー」「21 世紀型スキル」「学力の三要素」「資質・能力の三つの柱」、高等教育では「社会人基礎力」「学士力」などなど。「ポジティブリスト」（望ましいことのリスト）は増え続け、長くなるばかりだ。

　それに対して、本書では、学校で身につけてほしいことをたった一つに絞ることにした。それが「対話型論証」の力だ。「何だ、そんな言葉は聞いたことがないぞ」という方がほとんどだろう。それもそのはず、この言葉は私の造語だからである。「対話型論証」とは、ある問題に対して、他者と対話しながら、根拠をもって主張を組み立て、結論を導く活動のことである。「何だ、たった一つといいながら、ずいぶんごちゃごちゃしているな」と思われた方もいるかもしれない。実際、この中には、これまでのリストで挙げられてきた「問題解決」「論理的思考」「批判的思考」「コミュニケーション」などが含まれている。ただし、それをばらばらの要素ではなく、対話型論証という一まとまりの活動として示したことがミソなのである。

　さらに、一まとまりの活動であることがわかりやすくなるように、対話型論証を一つのモデルとして表現することにした。それが「対話型論証モデル」である。このモデルのことは、本文の中で、さまざまな例を使いながら手を変え品を変え説明していくが、ここでは、それが議論（論証）のモデルとして知られる「トゥールミン・モデル」を土台にしたものであることだけ述べておこう。

　私の現在の所属は、京都大学高等教育研究開発推進センターで、このセンターは、大学教育についての研究開発や教育改善支援を行う組織である。ただ、

私の専門分野は教育方法学で、現在のセンターに来るまでは、初等中等教育をフィールドにしていた。今も、個人的には、高等教育と初等中等教育の両方の実践研究に関わっている。数多くの学校（大学を含む）を訪問し、さまざまな教科や分野・領域の授業や教育実践をみるなかで、そこで身につけてほしいことにはかなりの共通性があることに気づくようになった。それが対話型論証なのである。小学校ではまだ難しいかもしれないが、ある程度、抽象的な概念や形式的な論理が扱えるようになった中学校以降であれば、対話型論証を授業や活動の中に組み込み、その力をつけることは可能だし、また望ましいことでもある。

　実際、私たちは、対話型論証を組み込んだ授業を、複数の大学や中学校・高校で行ってきた。新潟大学歯学部ではもう9年目、大阪府の私立高槻中学校・高等学校では3年目になる。もちろん、私自身も、自分の大学の授業で実践してきた。大学では、主にアカデミック・ライティングの学習で使われ、大きな成果をあげている。中学校・高校では5教科や道徳、総合学習、課題研究などで使われており、教科等の特質をふまえつつ、その枠を越えて学んでいくことを可能にしている。

＊　　　　　　　　　＊

　本書は、「第Ⅰ部　理論編」と「第Ⅱ部　実践編」という二部構成になっている。だが、これはまず理論、そしてその応用としての実践という考えに立っているからではない。理論編の内容の多くは、実践を通して形づくられてきたものである。したがって、対話型論証の実践に関心をお持ちの方も、できれば理論編をあわせて読んでいただけるとその内容の理解がいっそう深まるはずである。それでは、いざ対話型論証の世界へ。

対話型論証による学びのデザイン
——学校で身につけてほしいたった一つのこと——

目　次

目 次

第Ⅱ部　実践編

第4章　日本の教育に求められる対話型論証　*71*

第5章　中学・高校での試み　*83*

第Ⅰ部

理論編

第 1 章

なぜ、対話型論証なのか

1. この時代を生きるのに必要な力

　私がこの原稿を書いている 2020 年 7 月現在、世界中が新型コロナウイルス感染症の拡大に苦しんでいる。2020 年がこんな年になるとはいったい誰が予測できただろう。パンデミックのリスクは以前から語られていたとはいえ、社会全体や一人ひとりの生活に及ぼす影響を具体的に思い描くことのできた人はごく少数でしかなかったはずだ。私たちはまさに、「VUCA（変動性、不確実性、複雑性、曖昧性)」の時代を生きている。この状況をどう認識し、どう意思決定し、どう行動すべきかを支えるのは、どんな力なのだろう。

　世界中の人々がコロナ危機に直面し、それぞれの領域でその危機に対応しようとしている。医師・看護師、スーパー店員、宅配配達員、劇団員、スポーツ選手、主婦…。私自身は大学でオンライン授業のサポートに携わり、また一教員としてもオンライン授業を始めた。

　この状況の中にあって私は、「対話型論証（dialogical argumentation)」[1)] の力を人々が身につけることの必要性をあらためて感じている。「対話型論証」とは、ある問題に対して、他者と対話しながら、根拠をもって主張を組み立て、結論を導く活動のことである。

---

1)　"dialogical argumentation" という語句そのものは他の論者も使っているが（たとえば、Kim & Roth, 2018)、概念は筆者独自のものである。

　たとえば、毎日報道される「感染者数」のデータ。このデータは実態を表している
のか。どのようにして得られたものなのか。このデータをもとにどんな
判断を行うのか（どんな政策を支持するのか、自分自身はどう行動するか）。

　このような力は、研究者や行政担当者だけに必要な力ではない。市民にも必
要な力である。ユヴァル・ノア・ハラリ（Yuval Noah Harari）は、「今回の危
機で、私たちはとくに重要な 2 つの選択に直面している。一つは『全体主義的
な監視』と『市民の権限強化』のどちらを選ぶのか。もう一つは『国家主義的
な孤立』と『世界の結束』のいずれを選ぶのか、だ」（ハラリ, 2020）という。
このうちとくに本書のテーマに関係するのは前者の選択肢だ。中国を初めいく
つかの国の政府は、新型コロナの感染拡大を阻止するために、スマホ、監視カ
メラ、ドローンなどによる監視ツールを活用している。しかしながら、中央集
権的な監視と厳しい処罰が、市民に有益な指針を守らせる唯一の手段ではない。
「市民に十分な情報と知識を提供し、自分で可能な限り対応するという意識を
持ってもらう方が、監視するだけで、脅威について何も知らせないより、はる
かに強力で効果ある対応を期待できる」（ハラリ, 2020）のである。実際は、こ
の両者の混合型や中間型のような現象も生まれている。市民自身が市民を監視
する「自粛警察」のように。

　このウイルスは感染して発症するまでどんな経過をたどるのか、外出自粛や
休校を実施・解除するときの根拠は何か、感染を早く収束させた国と日本との
違いは何か、人類はこれまでどんなパンデミックを経験しそれは社会をどう変
えたか、そして今回の COVID-19 は社会をどう変えるだろうか――こういっ
たことを理解し推論するには、一定の科学的知識が必要である。このネット時
代に入ってくる情報にはフェイクニュース（たとえば「新型コロナウイルスは
生物兵器だ」）が紛れ込み、意図的な情報隠蔽が行われることもあるからだ。
だが、私たちは、ただ科学的知識を知っているだけでなく、科学的根拠にもと
づいて判断し、行動するために自分の頭で考える必要がある。そのときに役立
つのが対話型論証なのである。

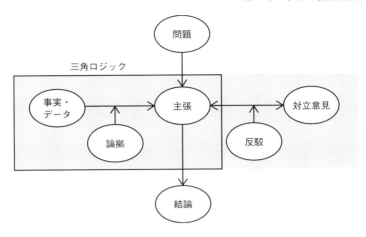

図 1-1　対話型論証モデル

2. 対話型論証とそのモデル

　対話型論証は、あらゆる教科や総合学習などの中で、またあらゆる学校段階で行われる。もっといえば、学校外の日常生活の中でも、学校を卒業した後の社会の中でも行われているごくありふれた活動である。だが、それを意識的に、見事に使いこなしている人は大人でもそう多くない。私は、教科・分野の特質に根ざしつつ教科・分野の枠を越え、さらには学校と社会をつなぎながら能力を育んでいく上で、対話型論証が一つのカギになると考えている。

　対話型論証は図 1-1 のようなモデルで描くことができる。この「対話型論証モデル」は、科学哲学者スティーブン・トゥールミン（Stephen E. Toulmin）の提案した論証のモデルである「トゥールミン・モデル（Toulmin model）」（Toulmin, 1958/2003）や、それをもとにした牧野由香里氏の「論理のしくみ図」や「十字モデル」（牧野, 2008）をアレンジしたものである（灰色の網掛け部分がトゥールミン・モデルに対応する部分である）。

　トゥールミン・モデルは、すでに数多くの教科で取り入れられている。とくにモデルの左側の部分は「三角ロジック」と呼ばれ、中学 1 年の国語の教科書（『現代の国語 I』三省堂[2]）にも載っているほどである。

対話型論証モデルは次のような構成要素からなる。

①問題

　ある対象や状況についての問題意識やその背景。そこから設定した問題。

②主張

　問題に対する特定の考え。事実・データと論拠によって支持され、対立意見への反駁によって強化される。

③事実・データ

　主張を支える具体的な材料。

④論拠

　事実・データを解釈し、主張に結びつける土台となる理由。

⑤対立意見

　設定した問題に対する自分とは対立する（少なくとも、異なる）意見。対立意見にも、それを支える事実・データや論拠がある。

⑥反駁

　対立意見に対し、自分の主張を擁護するための反論。

⑦結論

　複数の主張を統合して得られる結論。設定した問題に対する答え。

　「教えから学びへの転換」が唱えられた 1990 年代の前半に、佐藤学氏は「学びの三位一体論」を提唱した。「学びの三位一体論」では、学びを、単なる知識や技能の習得ではなく、〈学習者と対象世界との関係、学習者と他者との関係、学習者と自己との関係、という 3 つの関係を編み直す実践〉と定義している（佐藤, 1995）。この「学びの三位一体論」との関係でいえば、左側の三角ロジックの部分（事実・データ－論拠－主張）が主に対象世界との関係を表すのに対し、右側の部分（対立意見－反駁－主張）は主に他者との関係を表している。いうまでもなく、他者との関係は、「対立」だけでない。対立意見に反駁を加えて自分の主張を正当化するだけでなく、対立意見の一部を自分の主張の

---

2)　2016 年度版を使用。2021 年度版にも引き続き掲載されている。

中に取り入れて両者を調停するような提案を行うこともあるだろう。重要なのは、自分とは異なる多様な意見に耳を傾け、それを考慮しながら自分の主張を組み立てることである。このように、対話型論証モデルの独自性は、〈問題−主張−結論〉というタテの軸を加え、また、ヨコの軸の左側に対象世界との関係、右側に他者との関係を示したことによって、広く、対話的に思考を深めていくためのモデルとして使えるようにした点にある。

　〈問題〉と〈結論〉はもともとのトゥールミン・モデルにはなく、新たに加えた部分である。生徒や学生の探究活動で多いのが、問いの掘り下げが弱いまま、ネットで調べてきたことをまとめて発表して終わり、というタイプだ。だが、問題を設定し、それに対して複数の主張を統合し、一つながりに関連づけることで一定の結論を導くのでなければ、本当の意味での探究とはいえないだろう。問題から結論へというタテの軸があってこそ、ヨコの軸も生きてくるのである。

　もっとも、対話型論証は探究に限定されているわけではない。現在の学校教育では、学習の発展のプロセスが「習得・活用・探究」という３段階で表されることがある。第Ⅱ部の実践編で明らかになるように、対話型論証は、探究だけでなく、習得や活用の段階でも、授業や学習活動において十分威力を発揮するモデルである。

　では、そもそもこの対話型論証モデルはどのようにして創られたのだろうか。第２章では、そのもとになったトゥールミン・モデルの成り立ちについて詳しくみていくことにしよう。

対話型論証モデルの成り立ち
―トゥールミン・モデルと三角ロジック―

1. トゥールミン・モデルとは

(1) トゥールミンの意図

「トゥールミン・モデル」という名称は、トゥールミン自身が付けたものではない。彼が著書『議論の技法（*The Uses of Argument*）』の中で提案した「論証のレイアウト（layout of arguments）」が、その後、「トゥールミン・モデル（Toulmin model）」と呼ばれるようになり広まったものである[3]。とはいえ、トゥールミン自身も後に、「"トゥールミン・モデル"を自分のものではないとして捨ててしまうのは、不躾になるだろう。それは、『議論の技法』の予知できなかった副産物である」（Toulmin, 2003, アップデート版への序）と述べているので、本書でも、とくに差し支えのない限りは、「トゥールミン・モデル」という名称を使っていくことにする。

『議論の技法』におけるトゥールミンの関心は、トゥールミン・モデルの提案それ自体ではなく、「20 世紀の認識論」の構築にあった。より具体的にいえ

---

3) *The Uses of Argument*の邦訳『議論の技法』（戸田山和久・福澤一吉訳）では、argumentに「議論」と「論証」という 2 通りの訳語をあてている。「私たちが何ごとかを主張するために行うきわめて広い範囲の言語行為」を指す場合（主に第 2 章まで）は「議論」、議論の最小単位が取り出されてその構造がトゥールミン・モデルとして定式化された後（主に第 3 章以降）は「論証」と訳されている（「訳者あとがき」）。なお、引用にあたって、邦訳（トゥールミン, 2011）の訳文を改変したときは、原著（Toulmin, 2003）のページを記した。

ば、伝統的な形式論理学の不毛性を批判しながら、私たちが日常生活の中で行っている「合理的プロセスの本質」、あるいは「賢慮（ラテン語の prudentia）」について論じることにあった。

　形式論理学の代表例に三段論法がある。

　　　大前提：すべての人間がいつかは死ぬ。
　　　小前提：ソクラテスは人間である。
　　　結論：ゆえに、ソクラテスもいつかは死ぬ。

　この論証は常に正しい。だが、「すべての人間がいつかは死ぬ」というのであれば、「ソクラテスもいつかは死ぬ」ということも最初からわかっているのだから、ほとんどの人は、わざわざこんな論証を行うことに意味を感じないだろう。これが形式論理学の不毛性である。

　そこで、トゥールミンは、法廷での議論をモデルにして、結論が前提の中に内包されている、結論のわかりきった「分析的論証」ではなく、前提から何か新しいことが導き出される「実質的論証」の形式を明らかにしようとした。

　法廷での議論をモデルにしたといっても、私たちが行うさまざまな論証を法廷での議論という型にあてはめたわけではない。トゥールミンの念頭にあったのは、「明日雨が降ると予報する気象学者、雇い主の監督不行届きに対する申し立てをしている負傷した労働者、ティベリウス帝の性格に対する擁護をする歴史学者、麻疹であると診断を下す医者、顧客が誠実かどうか疑うビジネスマン、ピエロ・デラ・フランチェスカの絵画を称賛する芸術批評家」（トゥールミン, 2011, p. 18）——こういった人々が使っているさまざまな論証の形式を、その多様性を失わずに描き出すことだった。

　彼は、「私たちの論証のどんな特徴が場不変的（field-invariant）で、どんな特徴が場依存的（field-dependent）なのか？」（Toulmin, 2003, p. 15）と問うている。ここで「場（field）」というのは、活動などが行われている現場でもあるし、学問の分野・領域でもある。つまり、上に挙げたようなさまざまな論証において、何が共通で、何がそれぞれの場に固有なのかを議論しようとしたのである。

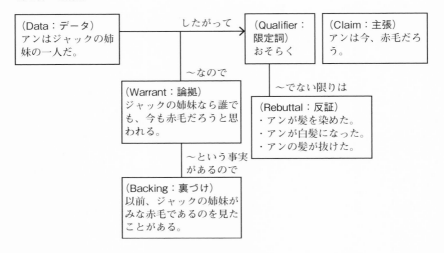

図 2-1　論証のレイアウト（トゥールミン・モデル）

（出典）Toulmin（2003, p. 117）を訳出の上、加筆修正。

　くどいようだが、トゥールミンは、論証の形式を一つのモデルに押し込めようとして「トゥールミン・モデル」を編み出したのではなかった。このことは、トゥールミン・モデルをもとにして創った対話型論証モデルにもあてはまる。さまざまな教科や総合学習などで、何が共通で何がそれぞれの領域に固有なのかを見きわめることが必要なのである。

（2）　トゥールミン・モデルの形式と要素

　トゥールミン・モデルは、図 2-1 のように描かれる[4]。

① Data（D）：データ

　主張を支える具体的な事実や数値。

② Warrant（W）：論拠

---

4)　トゥールミン・モデルの各要素の訳は、戸田山和久・福澤一吉訳（トゥールミン, 2011）にほぼ則っているが、"rebuttal" は邦訳の「論駁」ではなく「反証」とした。トゥールミン・モデルにおける "rebuttal" は、実際の他者への論駁というよりも、主張のあてはまらない場合（すなわち、反証）を挙げたものだからである。

データを解釈し、主張へと橋渡しする、データより一般的・抽象的な言明。

③ Claim（C）：主張

　　データと論拠から導かれる特定の言明。「結論」と表現されることもある。

④ Qualifier（Q）：限定詞

　　主張の蓋然性（probability）、つまり起こりやすさや確からしさを表現する語。

⑤ Rebuttal（R）：反証

　　主張を反証する事実。あらかじめ挙げておいて、主張のあてはまる範囲を、
　　反証を除いた範囲に制限する。

⑥ Backing（B）：裏づけ

　　論拠を裏づける一般的な事実。

この 6 つの要素をつなぐと、図 2-1 の論証はこんなふうに書ける。

　　　　「アンはジャックの姉妹の一人だ」（D）。したがって、「アンが髪を染め
　　　たり、白髪になったり、髪が抜けたりした」（R）のでない限り、「おそら
　　　く」（Q）、「アンは今、赤毛だろう」（C）。というのも、「以前、ジャック
　　　の姉妹がみな赤毛であるのを見たことがある」（B）ので、「ジャックの姉
　　　妹なら誰でも、今も赤毛だろうと思われる」（W）からである。

「アンはジャックの姉妹の一人だ」という事実から、アンの姿を見たわけで
もないのに、「アンは今、赤毛だろう」と推測した。なぜ、そういう推測がで
きるのか、どの程度の確からしさでそれがいえるのかというロジックを示した
のが、このモデルなのである。

　このようなトゥールミン・モデルの描く論証の形式の特徴は、形式論理学の
三段論法と比較するとよくわかる（図 2-2）。

　まず、小前提と D（データ）、大前提と W（論拠）、結論と C（主張）が対
応している。ただし、トゥールミン・モデルでは、そこに Q（限定詞）、B（裏
づけ）、R（反証）が付け加えられている。Q、B、R はどんな役割を果たして
いるのだろうか。

　まず Q について。三段論法は、3 つの命題によって構成される、演繹的な推

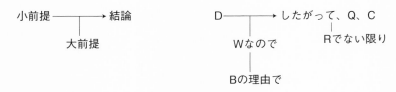

図 2-2　三段論法とトゥールミン・モデルの比較
（出典）右図は、トゥールミン（2011, p. 153）より抜粋。

論規則である。いいかえれば、前提が真であれば、結論も必ず真であるような論証の形式である（さっきのソクラテスの例のような分析的論証）。一方、トゥールミン・モデルが対象としている実質的論証では、前提が真であっても、結論が必ず真であるとは限らない。たとえば「台風が近づいているので、明日は雨が降る」という予報は外れるかもしれない。Q は、そのような主張の起こりやすさ、確からしさを表現する語である。ふつう Q には、「おそらく」「たぶん」「ひょっとすると」といった副詞や、「…だろう」「…かもしれない」といった文末表現が使われる。「明日は雨が降る」の場合は、「おそらく」「…だろう」というような限定詞が省略されているとみることができる。Q を取り入れることで、必ず真偽が決まる確実な主張だけではなく、「蓋然性」のある主張にまで論証の範囲を広げたのが、トゥールミン・モデルの特徴である。

　次に R について。R に書かれているのは主張を反証する事実である。たとえば、「アンが白髪になった」のであれば、以前は赤毛であっても、今は赤毛ではなくなっている。このような場合をあらかじめ除外しておくことで、主張を守る役割をするのである。

　最後に B について。トゥールミン・モデルが対象としている実質的論証では、W は、三段論法の大前提のように常に成り立つ命題とは限らない。アンの例の W「ジャックの姉妹なら誰でも、今も赤毛だろうと思われる」にみられるように、W は「一般的で仮言的な言明」である。わかりやすくいえば、W は D より一般的だが（「ジャックの姉妹なら誰でも」）、D のように事実を述べたものではなく仮説や推測を含んでいる（「…だろうと思われる」）。だからこそ、本当に W が成り立つのかをさらに事実（定言的事実言明）によって裏づける必要があるのである。したがって、B には、分類学、規則・法、統計などが含

まれる。ＢとＷの区別は微妙な場合もある。たとえば、限定詞を使って「ほぼ確実に…ではない」といえばＷだが、それを「2%以下である」のように統計的事実として述べればＢになる。なお、ＤとＢはどちらも事実についての言明だが、Ｄが個別の事実であるのに対し、ＢはＷの裏づけとなるだけの一般的な事実だという違いがある。

　トゥールミンらが後に大学用教科書として書いた『推論入門（*An Introduction to Reasoning*）』（Toulmin, Rieke, & Janik, 1984）では、Data（データ）に代えて Ground（根拠）という語が使われている（後述）。また、Qualifier（限定詞）の代わりに Modality（様相詞）が使われている箇所もある。とはいえ、『議論の技法』（Toulmin, 1958）のアップデート版（Toulmin, 2003）でも引き続き Data と Qualifier が使われていることから、本書ではそのまま「Ｄ（データ）」と「Ｑ（限定詞）」という用語を用いることにした。

　このように、トゥールミンは、三段論法の小前提・大前提・結論に対応するＤ・Ｗ・ＣだけでなくＱ・Ｒ・Ｂを加えることで、私たちが日頃行っているさまざまな論証に共通する形式を取り出すことに成功したのである。「私たちの論証のどんな特徴が場不変的で、どんな特徴が場依存的なのか？」という先の問いに答えるなら、トゥールミン・モデルで描かれた論証の形式は場不変的で、その構成要素の中身は場依存的だということになる。

（3）　トゥールミン・モデルと三角ロジックの関係

　先行研究の中には、三角ロジックはトゥールミンが主張したものではない、と書いているものもある（たとえば、牧野, 2008; 難波, 2018）。実際、「三角ロジック」にあたるような言葉は、私のみた限り、トゥールミンの文献の中には出てこない。牧野（2008）によれば、そもそも "Toulmin model" という呼び名も、エーニンガーとブロックリーデがディベートの教科書（Ehninger & Brockriede, 1963）で用いたことに由来するらしい。彼らはその中で、Ｄ・Ｗ・Ｃを「論証の単位として必要不可欠な要素」、Ｑ・Ｒ・Ｂを「3つの追加要素」として区別している。おそらく、このような区別によって、「必要不可欠な要素」とされたＤ・Ｗ・Ｃがその後、「三角ロジック」と呼ばれるようになったのだろう。

図2-3　3要素の関係

(出典) トゥールミン (2011, p. 255) より抜粋。

　とはいえ、トゥールミン自身も「"データ、論拠、したがって結論"という
きれいな形式で表すことができ、その論拠がデータから結論へ移行するのに必
要な橋渡しとしてきちんと役割を果たしているような妥当な論証はたくさんあ
る」(トゥールミン, 2011, p. 209) というような言い方をしたり、図2-3のよ
うな表現を用いたりしている。

　つまり、D・W・Cを基本的要素、Q・R・Bを追加的要素とみなすことは
あながちトゥールミンの意図に反したものとはいえない。もともと、トゥール
ミン・モデルは、形式論理学の三段論法を批判し、日常生活やさまざまな学問
分野などで用いられている論証の形式を提示するために作られたものであり、
Dが小前提、Wが大前提、Cが結論に対応していることを考えあわせると、
D・W・Cを基本的要素と考えることにはそれなりの妥当性がある。というわ
けで、本書では、三角ロジックをトゥールミン・モデルの一部として位置づけ
て議論を進めていくことにしたい。

2. さまざまな教科での三角ロジックや
トゥールミン・モデルの受け入れられ方

　以下では、複数の教科において、これまでトゥールミン・モデルや三角ロジ
ック、さらには広く「論証」がどう取り入れられてきたかをみていこう。なお、
「論証」は、英語をそのままカタカナ表記して、「アーギュメント」「アーギュ
メンテーション」と書かれることもある。一般に、「アーギュメント」はアー
ギュメントの内容を指し、「アーギュメンテーション」はアーギュメントを構
成するプロセスを意味するとされるが、必ずしもそうなっていない場合もある。

（1）国語科の場合

①中学校国語教科書での紹介

前にも述べたが、三角ロジックは、日本の学校教育においてすでにかなり普及している。たとえば、第1章で述べたように、三省堂の中学1年用の国語教科書『現代の国語Ⅰ』では、説明文教材「玄関扉」の後のコラム「三角ロジックで論理的思考を鍛えよう」に、三角ロジックの説明が掲載されている。「玄関扉」は、建築家・詩人の渡辺武信氏が、玄関のドアという素材を取り上げて、日本と欧米の文化の違いを論じた興味深い教材だ。

「玄関のドアは、欧米では内側に開く」という一つの事実について、「『いらっしゃいませ』というように開くから」という理由づけをすれば、「欧米は、外来者を客として受け入れる文化だ」という主張が導かれる。だが一方、「外部からの侵入を防ぎやすいから」という理由づけをすれば、「欧米は、外来者を敵として拒む文化だ」というまったく正反対の主張が導かれることになる。

こうした事例を引きながら、コラムでは、「主張」と「事実」と「理由づけ」（＝「論拠」）の3点を意識して考える方法を「三角ロジック」とし、その必要性をこんなふうに説明している。

　　何をどうしたらよいか、何をどう考えるべきか、といった判断や考えを伝えている文を「主張」と呼びます。［中略］それが正しいかどうかは、主張だけでは決められません。その判断や考えを支える根拠を知る必要があります。

　　根拠は、「事実」と「理由づけ」の二つの部分に分けることができます。「事実」とは、実際に起こったできごとや、さまざまな調査などから得られた数値（データ）です。「理由づけ」とは、「事実」と「主張」の間をつなぐ考えです。

　　こうした、「主張」と「事実」と「理由づけ」の三つを区別し、この三点を意識して考える方法を「三角ロジック」といいます。

　　主張の正しさを確かめるためには、事実と理由づけが正しいかを確かめることが必要です。［中略］

　　同じ事実をもとにしていても、その人の考えや価値観によって、理由づ

●「玄関扉」の三角ロジック

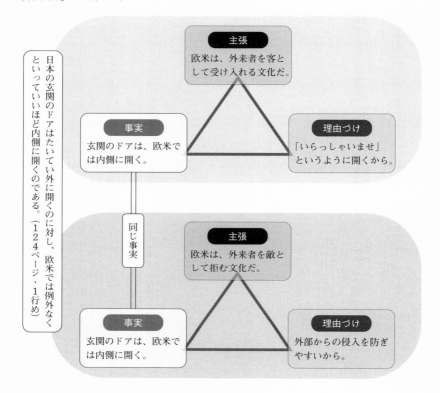

図 2-4　国語教科書での「三角ロジック」の説明

（出典）「読み方を学ぼう 三角ロジック」『現代の国語 1』（pp. 131-133）より抜粋。

けの内容に違いが表れます。理由づけが、事実と主張とを論理的に結びつけていると、主張の説得力が増します。日常の会話などでは、理由づけが省略されることも多くありますが、主張を述べる文章を読んだり書いたりするときや、討論などで主張をするときには、理由づけの部分を意識しましょう。［中略］以上のように、三角ロジックを使って論理的な思考力を鍛えることによって、相手の主張の正しさを確かめたり、自分の主張を、より説得力のあるものに高めたりすることができます。（pp. 132-133）

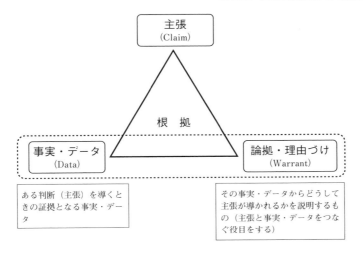

図2-5　主張を支える「根拠」

　長々と引用して恐縮だが、それはこの説明が、三角ロジックとは何かをとてもうまく伝えていると思うからである。三角ロジックの説明はいろいろ目にするが、これほどわかりやすいものはそうない。

　「根拠は、『事実』と『理由づけ』の二つの部分に分けることができます」のところは、本書での用語を加えれば、図2-5のように描けるだろう。「事実・データ」と「論拠・理由づけ」が主張を支える根拠となるのである。

　教科書に掲載されているとはいえ、教育現場で、こうしたコラムがうまく活用されているかといえば、必ずしもそうでもない。第5章で紹介する高槻中学校でも当初はそうだった。今では、このコラムを活用して、生徒たちは中学1年生から三角ロジックを学んでいる。

②国語教育研究

　このような国語教科書での「三角ロジック」の扱いは、国語教育研究の蓄積に根ざしている。国語教育におけるトゥールミン・モデルや三角ロジックの紹介において大きな影響を与えてきたのは、井上尚美氏の研究である（井上, 1989）。井上氏は、早くも1960年代半ばに、Toulmin（1958）をふまえて「ト

ゥルミン・モデル」という名称で紹介している[5]。これはおそらく、教育分野における日本での紹介の最も早いものである。

> ある主張 C（claim, conclusion）がなされるためには、それを支える根拠としての事実（data）が必要であり、更に、どうして D から C が主張できるのかという理由づけ W（warrant）がなければならない。しかしこれだけではまだ十分でなく、その理由づけの確かさの程度を示す限定 Q（qualifier）、反証（「〜でない限りは」）を示す R（rebuttal）、W を支えるための、理由の裏づけ B（backing）がつけ加えられる。以上が彼の示す「論証の型」で、彼は「法学」を参考にしてこのモデルを思いついたと述べています。（井上, 1989, pp. 87-88）

井上は、トゥールミン・モデルについて、国語教育の立場からも非常に参考になるとしつつ、一方でその問題点もこう指摘する。

> W には B を必要とするのに D はその裏づけが要求されないという理由がわかりませんし、Q や R は、場合によっては D にも W にもつきうるでしょう。さらに B は、W それ自体を一つの C と見てその D に当ると考えることもできましょう。つまりこの六項目のレイアウトの仕方には修正の余地があるといえます。（井上, 1989, pp. 91-92）

その上で、「Q・R・B の三つは、はじめの C・D・W に対する『但し書き（条件づけ）』として一括する（その中での下位区分と考える）ほうが理論的にもすっきりするし、実際的にも扱いやすい」（pp. 91-92）という評価を下している。ここで注意すべきことは、井上は、決して、Q・R・B が不要だと言っているのではなく、C・D・W に対する「但し書き」的な役割を果たすと言っているという点である。たとえば、データ（ある主張を支える証拠となる事

---

5)　井上尚美（1965）「論証の構造」児童言語研究会編『国語教育研究』No. 6（児童言語研究会言語論理教育編集委員会, 2008, p. 247 参照）。なお、井上は、一貫して、「トゥルミン」と表記しており、これが国語教育では広く普及している。

実）については、「証拠となる資料・事例が十分か、またその問題にとって適切な、本質的に重要なものかどうか」（p. 100）が問題になる。つまり、データにも B が必要な場合があるということだ。井上は次のような例を挙げている。

　　　日本の大豆の値段は上がるだろう（C）←アメリカで大豆の輸出制限が行われる（D）←アメリカの大統領がそう言明した（BD₁）←信頼すべき筋がそのことを報じた（BD₂）（井上, 1989, p. 101。BD は「データの裏づけ」の意味）

　国語教育の分野では現在でも、6 要素についての井上の訳語や説明が多くの文献で用いられている。ただし、そのうち C・D・W の 3 要素だけが取り出され、他の要素については言及がないものも少なくない（幸坂, 2010）。もともとの井上の論考では、Q・R・B が不要とされているのではなく、C・D・W を補う重要な役割を与えられていることをあらためて確認しておきたい。

（a）「根拠・理由・主張の三点セット」として

　国語教育においてトゥールミン・モデルにとりわけ強い関心が向けられるようになったのは、2000 年代に入ってからである。OECD の PISA 調査（詳しくは第 4 章第 2 節参照）における読解リテラシーの得点の低さに対して、「PISA 型読解力」を向上させることが政策課題とされたことが、その背景にある。このトゥールミン・モデルへの再注目において中心的な役割を果たしてきたのが、鶴田清司氏（鶴田, 2009, 2017）の実践研究である。鶴田（2017）は、「トゥールミン・モデル」の 6 要素を次のように定義している（p. 14）。

> ・主張（Claim）……………結論
> ・事実（Data）……………ある主張の根拠となる事実・データ
> ・理由づけ（Warrant）……なぜその根拠によって、ある主張ができる
> 　　　　　　　　　　　　　　かという説明
> ・裏づけ（Backing）………理由づけが正当であることの証明
> ・限定（Qualifiers）………理由づけの確かさの程度
> ・反証（Rebuttal）…………「〜でない限りは」という条件

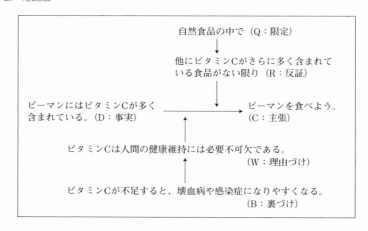

図2-6　トゥールミン・モデルによる説明の例

(出典) 鶴田（2017, p. 15）より抜粋。

　そして、トゥールミン・モデルを使った例として、ピーマンがきらいな人に対して「ピーマンを食べよう」と主張する場合の論の組み立てを図2-6のように示している。

　だが、この図には正しくないところがある。Qualifierは、「限定詞」が定訳だが、ここでは「限定」と訳されている。限定詞とは、前に述べたように、「主張の蓋然性、つまり起こりやすさや確からしさを表現する語」のことだが、ここではそれとは異なる意味で使われている。また、R（反証）はQ（限定詞）に付けて、Cの起こりやすさや確からしさを補足説明するものであるはずなのに、ここでは、QとRの修飾関係が逆になっている。このように、図2-6の説明では、トゥールミン・モデルはあまり正確には使いこなされていない。

　そういったことも関係しているのか、鶴田（2009, 2017）の研究や実践で使われているのは、トゥールミン・モデルではなく、もっぱら三角ロジックの部分である。鶴田はこれを「根拠・理由・主張の三点セット」と呼び、図2-7のように表している。

　ここでは、事実・データ（D）は「根拠」、論拠（W）は「理由」と呼び名を変えている。一方、前に紹介した三省堂の国語教科書では、「根拠は、『事実』と『理由づけ』の二つの部分に分けることができます」（p. 132）とされ

図2-7　根拠・理由・主張の三点セット

(出典) 鶴田 (2017, p. 16) より抜粋。

表2-1　3つの要素の名称

対話型論証モデル	事実・データ	論拠	主張
Toulmin (1958/2003)	data	warrant	claim
Toulmin (1979/1984)	ground	warrant	claim
国語教科書 (三省堂『現代の国語 I 』)	事実 根拠	理由づけ	主張
鶴田 (2017)	根拠	理由	主張
青木 (2016)	根拠	ワラント	主張

ており、「根拠」にはDとWの両方が含まれるとされていた。このように「根拠」と「理由」は類似した言葉であり、両者を使い分けるのは難しい。また、「理由」（論拠）を「事実・データに基づく推論・解釈」とするのはミスリーディングだろう。事実・データに基づく推論・解釈にあたるのはむしろ「主張」であり、「理由」ではないからである。鶴田自身が別の箇所で書いているように、「その根拠 [＝事実・データ] がなぜ主張を支えることになるのか、どうしてその証拠資料からその主張ができるのかを説明」し、「主張と根拠をリンクさせるのが『理由』の役目である」(p. 17) というのが正確である。

　鶴田の用語法からもわかるように、三角ロジックの "data － warrant － claim" の訳語は必ずしも一致していない（表2-1参照）。前にも述べたように、トゥールミン自身、別の本（Toulmin, 1979/1984）では、"data" を "ground" と言い換えている。青木（2016）はこの事実をふまえて、「我々は、〈データ〉

ではなく〈根拠〉という用語をトゥールミンモデルとして使っていくべきであろう。そして、『データ』という言葉の適用に違和感のあった［中略］例でも、『根拠』であれば別段問題ない。簡単に言うと、『根拠』は『データ』をも含んだ、包括的な用語であるので、汎用性が極めて高いと考えられる」（p. 12）として、「データ」ではなく「根拠」を用いること、"warrant" は「ワラント」と表すことを提案している。

　確かに「根拠」は「データ」より包括的な用語であるが、その分、輪郭はぼやける。また、「ワラント」というなじみのないカタカナ表記をそのまま使うのも避けたいところである。加えて、前にもふれたように、トゥールミン自身も、『議論の技法』（Toulmin, 1958）のアップデート版（Toulmin, 2003）では"data" をそのまま使っている。こうしたことから、本書では、"ground" ではなく "data" の方を採用し、その訳語として「事実・データ」を用いることにした。「事実・データ」としたのは、日本語の「データ」だと、数値などの量的データのイメージが強すぎるからである。英語の "data" は日本語の「データ」より意味が広い。

　鶴田が「根拠」「理由」という呼び方を選んだのは、おそらく、教師や子どもに親しみやすく、国語教材、とりわけ文学教材の読みにおいて使うのに違和感のない言葉だからではないだろうか。確かに、「事実・データ」と「論拠」にはいかにも科学論文や法廷の議論のような硬い響きがある。

　一方、本書で「事実・データ」と「論拠」を用いるのは、まず、Toulmin（1958/2003）のオリジナルの用語に対してより忠実でありたいということ、また、「根拠」と「理由」では "data" と "warrant" の明確な差異が表しにくいということによる（いったいどれほどの大人が「根拠」と「理由」という言葉をきちんと使い分けられているだろうか）。加えて、新しい高等学校学習指導要領で「文学国語」と「論理国語」という二分法がとられたことに対し、それに異議を唱えたいという思いもあった。対話型論証モデルは一見、説明文や評論文にしか適用できないようにみえるかもしれないが、実は文学作品の読みにも有効である。つまり、「文学国語」「論理国語」という区別に関係なく機能するのだ（これについては第5章第3節で詳しく述べる）。

(b) トゥールミン・モデルの受容の仕方への批判

同じ国語教育研究の分野で、トゥールミン・モデルの受容の仕方や三角ロジックの使用に対して批判を行っているのが難波博孝氏である。いくつかの論考があるが、一般向けに書かれた著書『ナンバ先生のやさしくわかる論理の授業』（難波, 2018）では、「トゥルミンモデル最高？ 再考」「三角ロジックにご用心」といった章で批判が展開されている。

難波はこれまでの日本における「トゥルミンモデル」の受容の仕方の問題点として「理由づけ（W）と裏づけ（B）とを同じに扱ってしまう」（p. 51）ことを挙げる。そして、トゥールミンの「とにかく私が示したいことは、理由づけを確立するために必要とされる裏づけは、多様であり、領域依存（field-dependence）していることである」（Toulmin, 1958, p. 96）という部分を強調して、「［裏づけとなる］学問や法体系のような明確な基準がないもの、例えば文学や日常会話などでは、トゥルミンモデルは使えません」（p. 59）と言い切っている。

だが、本書をここまで読まれてきた方は、これが誤りであることに気づかれるだろう。たとえば、図 2-1 で取り上げた「アンは今、赤毛だろう」という主張を導く論証は、日常会話の中の論証以外の何物でもない。前にもふれたが、"field" というのは、学問の分野・領域だけでなく、活動などが行われている現場でもある。だから、裏づけが「学問や法体系」のようなものでなくても、トゥールミン・モデルは使える。日常生活での論証の裏づけは、「以前、ジャックの姉妹がみな赤毛であるのを見たことがある」のように、データより多少一般的な事実的言明であればよい。日常生活の中に潜むロジック（やその不備）を明らかにすることにおいてこそトゥールミン・モデルは威力を発揮する。もちろん、文学においてもしかりである。

難波は「トゥルミンモデルは、そもそも学問や法体系の内部で、論証の妥当性を検証するための図式です」（p. 55）と述べ、それを根拠に、「筆者の主張のある教材を読むこと」には使えるが、「文学教材を読むこと」や「話すこと・聞くことや書くこと」においては使えない、としている。だが、この主張は誤った根拠にもとづく誤った主張であるといわざるをえない。

③学校ぐるみの取り組み

　さて、国語教育に関する学校ぐるみの取り組みとしては熊本大学教育学部附属小学校の取り組みがある。同小では、2009 年度から文部科学省指定を受けて「論理科」という新しい教科を開発しており、そこでは「対話による論理的思考力（論証能力）を育てる基盤としてトゥルミンの『論証モデル』（Toulmin, 2003）を参考」にしたとされている（河野他編, 2013, p. iii）。熊本大附属小の取り組みは、発達心理学者の内田伸子氏や鶴田氏の共同研究者でもある国語教育研究者の河野順子氏といった研究者とパートナーシップを組んで行われてきた。そこでは、①児童期を通して、理由づけの質が変化し、低学年では事実と理由づけを混同している子どもが多いが、高学年になると両者が区別できるようになること、②事実をどのように解釈し主張に結びつけるかという理由づけの力を育てることが必要であることが、調査研究や豊富な実践をふまえて明らかにされており、大変興味深い。もっともここでいわれている「論証モデル」は、根拠（事実）・理由づけ・主張の「三点セット」（あるいは「三角ロジック）であり、トゥールミン・モデル全体ではない。

(2)　英語科の場合

　ここまでは、おそらく教科の中で最も、トゥールミン・モデルや三角ロジックの導入が進んでいると思われる国語科の例をみてきた。ここからは、他教科の様子をのぞいてみよう。まず、同じく言語系の教科である英語科についてはどうだろうか。

①読むこと（ロジカル・リーディング）

　国語教育と比べると、英語教育では「三角ロジック」についての関心はずっと低い。CiNii Books（大学図書館に所蔵されている本についてのデータベース）を使って「英語教育　三角ロジック」で検索してヒットした唯一の本は、横山雅彦『ロジカル・リーディング—三角ロジックで英語がすんなり読める—』（横山, 2017）だった。著者の横山は、三角ロジックを、トゥールミン・モデルを簡略化したクレーム・データ・ワラントからなるモデルとし、「ディベートの基本となる考え方」と紹介している。英語の世界では、クレーム（意

見・主張）を口にすると、「How and why?（どのように、なぜ？）ということを論証しなければならない責任」、すなわち「論証責任（burden of proof）」が生じるという（p. 20）。この論証責任を果たすために、クレームに続いて持ち出されるのがデータとワラントである。ただし、「ワラントが相手とのコンセンサス（合意事項）である場合、ワラントはあえて省略されることがある」（p. 25）という。本の大半は、「クレームが段落の最初にくる場合」「クレームが段落の最後にくる場合」「クレームが段落の途中にくる場合」「問題提起型」「複数段落の英文のとらえ方」といったタイプ別の、例文を使った「論理トレーニング」に割かれている。このように横山の本は、三角ロジックを使って100 〜 300 語、1 〜 5 パラグラフ程度の英語の文章を読むための参考書である。

　例文を一つ取り上げよう。この例文のオリジナルは、大学の教養課程で教科書としてよく使われている、坂本ナンシー他『Polite Fictions』（坂本・直塚, 1982）である。"polite fictions" とは坂本の造語で、「相手に対して礼儀正しく丁寧に（polite）振る舞おうとする際に、その言動の根拠となる考え方」（坂本・坂本, 2004, p. i）とされている。

Box 2-1　英語の「ロジカル・リーディング」の例

　① When New Year's greeting card time comes around, Japanese students always ask me how to say "kotoshi mo dozo yoroshiku" in English. They are surprised when I tell them that you simply don't say that in English because it would make a very bad impression. Since "dozo yoroshiku" is one of the most frequently used polite expressions in Japanese, they naturally find it hard to believe that it would sound bad in English. How could so obviously polite an expression be misunderstood?

　② In Japan, you must politely emphasize the other person's superiority and power, and your own corresponding inferiority and weakness. Thus, it is polite to imply that you will always need the other person's help. "Dozo yoroshiku" asks for help, not for a specific problem, but as a general condition. The Japanese polite fiction is that "I depend on you," not just in certain occasions, but all the time.

　③ But in America, you must politely assume, not superiority or inferiority, but mutual equality. And so the necessary corollary is self-reliance, not dependency. The American polite fiction is that "you and I are independent."

④ This means that while I may need your help in a specific situation, generally I can manage on my own. Therefore, to express an attitude of general dependence on the other person would sound irresponsible, as if I were unwilling to do my share.

⑤ Of course, in real life, Americans depend on their friends and relatives. But this mutual dependence is unspoken; it literally goes without saying. To put it into words makes it sound like an extraordinary request. So on New Year's cards, it is customary to say "Best wishes" or "Good luck," but never "Please continue to help me."

（日本語訳）
　①年賀状の季節がやってくると、日本人の生徒たちは、決まって私に「今年もどうぞよろしく」を英語でどういえばいいか聞いてくる。英語では非常に印象が悪いから、そんなことはいわないと教えてあげると、彼らはびっくりする。「どうぞよろしく」は、日本語でもっとも頻繁に使われる礼儀正しい表現の１つであるから、それが英語では悪印象になるといわれて、なかなか信じられないのも当然だろう。そんな丁寧な表現が、どのように誤解されてしまうのか。

　②日本では、相手の優等性と強さを、そしてその裏返しとしての自分自身の劣等性と弱さを強調するのが礼儀である。したがって、相手の助けを常に必要としているということを匂わせるのが礼儀なのである。「どうぞよろしく」は、ある特定の問題のためにではなく、丸ごと助けを求める表現である。日本の文化が礼儀とする前提は、ある状況においてだけではなく、どんなときでも「私はあなたに頼っている」ということなのだ。

　③しかし、アメリカでは、優等性でも劣等性でもなく、互いの対等性を前提するのが礼儀である。したがって、当然そこから帰結されるのは、自立性であって、依存性ではない。アメリカの文化が礼儀とする前提は、「あなたと私は自立している」ということなのだ。

　④このことが意味するのは、ある特定の状況では、あなたの助けを必要とするかもしれないが、おおむね自分の力でなんとかできるということだ。したがって、相手に全面的に依存しているような態度を取ると、まるで自分がすべきことをしたくないかのように、無責任な印象を与えてしまうのだ。

⑤当然、現実の生活では、アメリカ人は友達や親類に頼っている。しかし、こうした相互依存を言葉にすることはない。文字通り、いわずもがなのことなのだ。それをあえて言葉にしてしまうと、特別な要求であるように聞こえる。だから、年賀状では「お幸せに」とか「幸運を」などとは書いても、決して「どうぞよろしく」とは書かないのだ。

（出典）横山（2017, pp. 172-174, 175-176）より抜粋。段落番号は松下による。

　この例文は著者によって次のように分析されている——第１パラグラフでは日本人の生徒たちと筆者の年賀状の表現をめぐるやりとり（データ）をふまえて「年賀状で "kotoshi mo dozo yoroshiku" をそのまま英語に直すと誤解される」というクレームが行われ、どのようにその誤解が生じるのかという問題提起がなされる。それを論証しているのが第２〜５パラグラフであり、第２パラグラフは日本の polite fiction、第３〜５パラグラフはアメリカの polite fiction が述べられていて、「対比」というレトリックが使われている。第２〜５パラグラフは、第１パラグラフのクレームに対するデータである——。

　以上の分析にはワラントがまったく出てこない。ワラントは省略されていると考えられているのである。だが、私には、第２〜５パラグラフは、第１パラグラフのクレームに対するワラント（論拠）の展開であるように見える。第１パラグラフでは、データ（日本人の生徒たちは「今年もどうぞよろしく」にあたる英語表現を知りたがる）から、ワラント（「今年もどうぞよろしく」は英語では非常に印象が悪い）を経て、クレーム（年賀状で「今年もどうぞよろしく」をそのまま訳した英語を使うべきではない）が導かれている。ただし、クレームの「How and why?（どのように、なぜ？）」はまだ十分展開されていない。そこで、クレームの「How and why?」にあたるワラントを日米の polite fictions を対比させながら詳述したのが第２〜５パラグラフである。polite fictions は、「相手に対して礼儀正しく丁寧に（polite）振る舞おうとする際に、その言動の根拠となる考え方」という一般性・抽象性をもつものであるから、論拠として位置づけるにふさわしい。

　第２〜５パラグラフは、それ自体図2-8のような論証になっており、最後のC'が第１パラグラフのW（ワラント：論拠）になっている——D'：「今年も

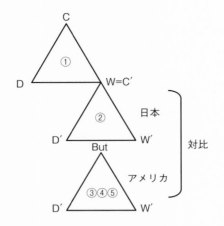

図 2-8　複数の三角ロジックによる論証

（出典）横山（2017, p. 185）を改変。

どうぞよろしく」は丸ごと助けを求める表現であり、全面的な依存性を表す言葉である。W'：日本で尊重される礼儀は、優劣関係の下での強者への依存性であり、アメリカで尊重される礼儀は、対等な関係の下での自立性である。C'：「今年もどうぞよろしく」は日本では礼儀正しい丁寧な言葉であるが、アメリカでは礼儀に反した印象の悪い言葉になる——。

　著者のいうように「ワラントが相手とのコンセンサス（合意事項）である場合、ワラントはあえて省略されることがある」というのはそのとおりだが、この本に掲載されている例文と解説をみると、ほとんどは〈クレーム＋複数のデータ〉として説明されており、ワラントとして指摘されているものはごくわずかである。その原因は、上の例文のように、本来はワラント（論拠）とされるべきものがデータとして分析されているからではないだろうか。仮に、本当にほとんどが〈クレーム＋複数のデータ〉で英語のロジカル・リーディングができるのであれば、三角ロジックは無用の長物ということになろう。これでは、三角ロジックのよさを十分に伝えることはできない。

　とはいえ、この本では、レトリック（エピソード、列挙、定義・分類、因果関係、引用、時系列、類比・対比、比喩）、信号語（談話標識 discourse marker）、同形反復・反転反復などのタームを使って、英語のリーディングに

表2-2　モジュールライティング・フレームワーク

Why 活動 論理性：「論理の確立」を目指す！	5W1H 活動 明示性：「内容の分かりやすさ」を目指す！
主張	主張
理由２つ　※主張との整合性（主張⇄理由）	理由２つ　※主張との整合性（主張⇄理由）
根拠１　※理由1との整合性（主張・理由⇄根拠）	根拠１　※理由1との整合性（主張・理由⇄根拠）
根拠２　※理由2との整合性（主張・理由⇄根拠）	根拠２　※理由2との整合性（主張・理由⇄根拠）
結論　※主張と同内容で、表現を変える！	結論　※主張と同内容で、表現を変える！

（出典）辻（2020, p. 142）より抜粋。

おけるパラグラフの構造の読み解き方が解説されており、その点では大いに参考になる。国語の読み以上に、〈センテンス－パラグラフ－文章全体〉の関係の分析が緻密に行われるのが英語のリーディングの特徴といえる。

②書くこと（モジュールライティング）

　辻（2020）は、大学生を対象に、「モジュールライティング」による英語ライティング教育を試み、成果をあげている。藤代（2011）によれば、読み手に明快に伝わる文章を作成するためには、モジュールライティングで物語（ストーリー）をつくること、それを5W1Hで具体化することが重要である。辻は英語ライティングにおけるモジュールとして「主張、理由、根拠、結論」を抽出した（表2-2参照）。

　表2-2において、論理性は、「なぜ、主張が言えるのか」「なぜ、この事例が根拠になりうるのか」「なぜ、結論が導けるのか」等に関する議論を通じ、論理を確立するセクションであり、一方、明示性は、こうして確立された文章の

軸に、必要な情報を適切に補充するセクションである（辻, 2020, p. 141）。

　「主張、理由、根拠、結論」という 4 つの要素の並びは、ビジネス場面での文章構成方法として知られる PREP 法とほぼ同じだ。PREP とは、

　　　P = Point（結論）

　　　R = Reason（理由）

　　　E = Example（事例、具体例）

　　　P = Point（結論を繰り返す）

のことである。この PREP がトゥールミン・モデル（三角ロジック）を下敷きにしていることは明らかだろう。

　アメリカの作文教育では、小学校から小論文（essay）の指導が行われ、そこでは、「最初の段落でまずこの作文で何を言うのかを明らかにし、次にその主張を三つの事実で証明あるいは擁護し、結論で最初とは違う言い方で主張を繰り返す」という明確な三部構造を持つよう、型の指導がなされるという（渡辺, 2007, p. 581）。上のモジュールライティングや PREP 法は、主張を支える「事実」を、理由と根拠（事例）に分岐させることによって、さらに論理性を高めたものとみることができる。

　以上でみてきたのは、「読む」「書く」に関わる指導であったが、三角ロジックがこれまでディベートでよく使われてきたことを考えれば、「話す」「聞く」にも関係していることは指摘するまでもないだろう。このように、英語教育でも、三角ロジックを用いた指導の有効性が確かめられつつある。

（3）社会科の場合

　3 番目は社会科である。日本では、社会科でもすでに 1990 年代からトゥールミン・モデルや三角ロジックが使われている（たとえば、尾原, 1991; 児玉, 2014; 佐長, 2019 など）。歴史教育とシティズンシップ教育の例をもとにみていこう。

①歴史教育

　高槻中学校・高等学校で対話型論証モデルの研修を行ったとき、国語教科書の「玄関扉」の三角ロジックをもとに、地歴科担当の先生方が、ダ・ヴィンチ

問い「ルネサンスは中世でしょうか、近世でしょうか。」

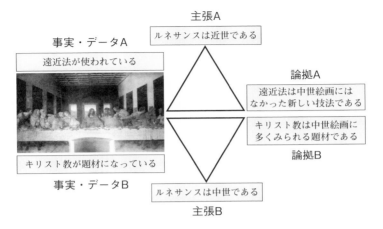

主張A
ルネサンスは近世である

事実・データA
遠近法が使われている

論拠A
遠近法は中世絵画には
なかった新しい技法である

キリスト教は中世絵画に
多くみられる題材である
論拠B

キリスト教が題材になっている
事実・データB

ルネサンスは中世である
主張B

図 2-9　歴史分野での「三角ロジック」の例

の「最後の晩餐」（1495-1498）を使った三角ロジックを作ってくれた。それを
少しアレンジしたのが、図 2-9 の例である。「最後の晩餐」を資料として、ル
ネサンスという時代の特性を捉えさせようというものである。

　「最後の晩餐」という同じ資料から、対照的な 2 つの主張が導かれる。「最後
の晩餐」で遠近法・明暗法などの技法が駆使されているという事実に目を向け
れば、「遠近法や明暗法は中世絵画にはなかった新しい絵画技法である」を論
拠にして、これまでとは異なる時代、すなわち近世であるという主張が導かれ
る。一方、「最後の晩餐」の題材がキリスト教からとられているという事実に
目を向ければ、「キリスト教は中世絵画に多くみられる題材である」を論拠に
して、ルネサンスはまだ中世であるという主張を導くこともできる。こうして、
ルネサンスが中世から近世への過渡期であったということを、一つの絵画から
読み解くことができるのである。

　この例で注目していただきたいのは、事実・データは、文章や数値だけに限
定されないということである。とくに歴史の場合は、さまざまな史資料（文献
資料、図表、写真・絵画、道具・機械、建物、歌謡・祭礼など）が事実・デー
タのもとになる。偽作や贋作を見抜いて史資料を選別・収集し、その分析・解

読によって、事実をあぶり出すことが求められる。中学生・高校生くらいまでは、資料集の資料を使うことが多いだろうが、大学生ともなれば、史資料の選別・収集や分析・解読を自ら行うことも教育内容の視野に入ってくる（日本学術会議の分野別参照基準（歴史学分野）[6]を参照）。

　アメリカの歴史学者ジル・ルポア（Jill Lepore）は歴史学の特性についてこう述べる。「歴史学とは、証拠を説明できる物語を語ることによって、過去について論証を行う技である（History is the art of making an argument about the past by telling a story accountable to evidence）。歴史学の著作において、論証なき物語は古物収集に陥り、物語なき論証は衒学の危険をおかすことになる」（Lepore, 2012, p. 15）と。歴史学における論証の重要性や、歴史学が論証と物語の統合であることを、これだけ簡潔に力強く表現した文章を私は他に知らない。

②スタンフォード歴史教育グループの取り組み

　中等教育段階の歴史教育において、このような歴史学の特性を教えることに挑戦しているのが、サム・ワインバーグ（Sam Wineburg）を中心とするスタンフォード歴史教育グループ（Stanford History Education Group, SHEG）の取り組みである。SHEG は歴史教育のカリキュラム・授業・評価に関わる数多くのプロジェクトを行っているが、なかでも、最も大がかりに行われているのが「歴史家のように読む（Reading Like a Historian, RLH）」というカリキュラムである（Wineburg et al., 2011; 松下, 2017b）。RLH は、高校生を歴史的探究に関与させることを目的として作られている。具体的には、南北戦争、大恐慌など、ある歴史的な出来事について、中心的な問いを投げかけ、史資料（文献資料、図表、写真・絵画、風刺漫画など）を読み解かせ探究させる授業である。史資料の多くは、米国議会図書館に所蔵されている一次資料のデジタルアーカイブからとったものである（高校生に理解が難しいものについては、一部改変が行われたり、注がつけられたりしている）。RLH では、こうした授業を通じて、歴史の知識だけでなく、次のような４つの「歴史的思考」のスキルを

---

6)　日本学術会議史学委員会史学分野の参照基準検討委員会, 2014, pp. 3-4。

育成しようとする。

(a) 出所の明確化（sourcing）：史料の根拠・出所を明らかにする

(b) 文脈化（contextualization）：史料を歴史的文脈に位置づけて、その文脈の中で解釈する

(c) 丹念な読み（close reading）：史料を精読して、出来事についての主張やそれを支える根拠と理由づけを評価する

(d) 確証（corroboration）：複数の史料を比較し、裏づけをとることによって、史料の解釈をより確かなものにする。

　たとえば、19 世紀後半の大量移民の時代を学ぶ教材には、「大統領が、10 月 21 日をコロンブス記念日（Discovery Day）という国民の休日に制定した」という見出しで始まる 1892 年 7 月 22 日付のニューヨークタイムズの記事が選ばれている。ここでの中心的な問いは、「なぜ、ハリソン大統領は、1892 年にコロンブス記念日を制定したのか？」である。この授業で生徒が学ぶべきスキルは、〈出所の明確化〉と〈文脈化〉である。

　高校生の多くは、史料の中に出てくるコロンブスの名前に引きずられて史料を読む。一方、歴史家は、史料を、その場所と時代の中に位置づけることによって読む。彼らはまず史料の出所を明確化し、歴史的文脈に位置づけ、誰が書いたのか、どこで発行されたのか、いつ出版されたのか、その時代に盛んに論じられていた問題は何だったのかを問う。そうした問いをもつことによって、歴史家は史料の意義とその史料の著者の真の動機をいっそうよく理解するのである。

　優秀な高校生であれば、この記事を批判的に読むくらいのことはする。大統領は、コロンブスを「進歩と啓蒙の先駆者」と称えているが、彼の航海の目標はそんな高潔なものではなかったという現在の知識をもとに、このイメージに疑念を投げかけるなどである。だが、歴史家の読み方は、それとはまるで違っていた。彼らはまず、1892 年の記事であることに注目し（＝出所の明確化）、それが新移民（イタリア系、スラブ系など）の大量流入の時代であるという背景知識と結びつけて（＝文脈化）、この休日の制定を、それら新移民の支持をとりつけるという意図によるものだ、という解釈を創り出した。そこでは、歴史的思考のスキルが背景知識と結びつけられて豊かな推論が行われていた。

「歴史家のように読む」とはこのように読むことを意味する。前の「最後の晩餐」の例では、一つの資料についての着眼点（一つの資料から取り出す事実）の違いによって、2つの主張（解釈）が生まれることをみたが、こちらの例からは、高校生と歴史家の歴史的思考のスキルの違いによって、主張（解釈）の深さ・適切さに違いが生まれることがわかる。

　それでは、RLHカリキュラムは生徒を歴史家にすることをめざしているのだろうか。そうではない。ワインバーグらは、情報の氾濫するこの時代を生きる市民を育てることこそが、RLHカリキュラムの真の意図だという。歴史家は、情報の断片をつなぎあわせて、そこにパターンを見出し、矛盾を理解し、しっかりした推論にもとづく解釈を創り出すための力強い読みの方法を生み出してきたからである。まさに、「RLHの育むスキルは、シティズンシップにとって必要不可欠な道具を提供する」（Wineburg et al., 2011）のである。

　実際、ワインバーグらのグループは近年さらに歩を進めつつある。彼らが現在取り組んでいるのは、「市民としてのオンライン推論能力（civic online reasoning）」だ。「歴史家のように読む」カリキュラムで教えようとしているのは、作者と文脈について問い、根拠資料について問うことによって情報源を評価する方法なのであり、それは、フェイクニュースなど真偽も定かでない情報がネット上に溢れる現代において、見識ある市民になる（informed citizenship）ために必要なスキルなのだ、という。もっとも、ワインバーグらは、歴史的思考がそのままデジタル情報の推論に適用できるとは考えていない。歴史的思考の特徴の一つは「丹念な読み」だが、ファクトチェッカーの行動観察からわかったのは、それとは対照的に、複数のサイトを立ち上げてサイト間を移動しながら元のサイトの信用性を判断する「横読み（lateral reading）」を行っているということだった[7]。オンラインでの推論能力（フェイクニュースや偽サイトなどを批判的に読み解く力）で重要な問いは、「誰が情報の背後にいるのか？」「証拠（エビデンス）は何か？」「他の情報源は何と言っているか？」の3つだという。歴史的思考のスキルが実際、どれほどオンラインでの推論能力と関連するのか、今後の研究から目が離せない。

---

7)　SHEGのウェブサイトに詳しい情報がある（https://cor.stanford.edu/）。

③社会科教育における事実認識と価値判断

ワインバーグらの歴史教育カリキュラムがシティズンシップ教育（市民性教育）につながることを企図していたことにも垣間見えるように、社会科では歴史以外の分野でも、トゥールミン・モデルや三角ロジックを用いた授業が数多く行われてきた。児玉（2014）によれば、社会科研究では、とりわけ価値認識や価値判断の問題と絡めて利用し論じてきた傾向があるという。確かに、児玉（2014）のレビューをみると、価値認識形成、価値判断力育成、合意形成、意思決定などで多くの授業研究が試みられてきたことがわかる。

しかしいうまでもなく、価値認識・価値判断は、事実認識を前提にしている（背後に隠れている場合もあるけれども）。たとえば「今の大学生の学力低下は大きな問題だ」という主張（価値判断）では、「今の大学生の学力は低下している」という主張（事実認識）が当然の前提とされている。とすれば、まずは、「大きな問題だ」と言う相手に、「本当に低下しているんですか？」「今の大学生といつ頃の大学生を比べて言っているんですか？」「学力をどうやって測ったんですか？」と問いただすことが必要になる。

社会科研究において、トゥールミン・モデルを扱った嚆矢とされる尾原（1991）でも、価値判断の指導は、それが依拠する事実認識の指導と関連づけられていた。分析対象とされたのは、小学6年社会科の2時間構成の授業である。1時間目は、1960年ごろからの工業発達について、「これからも日本は工業を発達させていくべきである」という主張がなされたのに対し、2時間目はそれを批判的に吟味することで、正反対の主張が導かれている。

尾原はこの授業における事実認識と価値判断の関連性を、価値判断のトゥールミン・モデルの中に2つの対立する事実認識のトゥールミン・モデルが組み込まれるという入れ子構造によって表現している（図2-10では、価値判断は大文字 D' − W'/B' − C' で示され、そのうち事実 D' についての認識の対立構造が小文字の d − w/b − c と d − w'/b' − c' で示されている。ダッシュなしが1時間目、ダッシュつきが2時間目を表す）。この図で表現されている事実認識と価値判断は次のように文章化することができる。〈日本は1960年ごろから工業を発達させ（d）、それゆえ、日本人の生活は物質的に豊かになった（c）。なぜなら、ある国が工業を発達させれば、その国民生活は物質的に豊かになる

からである（w）。一方、日本が1960年ごろから工業を発達させたことにより（d）、四日市、水俣などでは公害が発生し死者まで出た（c'）。なぜなら、ある国が工業を発達させれば、その国の自然や生活環境は破壊されるからである（w'）。こうした事実（D'）からすれば、これからは工業を発達させることばかりを考えるべきではない（C'）。なぜなら、（物質的にだけでなく、すべての面で）生活を豊かにすることはよいことであるということをふまえれば（B'）、生活を物質的に豊かにするだけでなく、自然や生活環境を破壊し公害をも引き起こす工業の発達は必ずしもよいことであるとはいえないからである（W'）〉。

　この尾原の先駆的な研究は、〈D（事実的言明）− W/B（評価的言明）− C（規範的言明）〉という社会科ならではの構造を表現したものとして興味深い。もっとも、WとBの区別が曖昧であり（BはWを裏づける一般的な事実的言明であるべきだが、図2-10ではWと同じ評価的言明になっている）、またRやQも含まれていないことからすれば、トゥールミン・モデルというよりは三角ロジックに近いといえよう。

　池野（2003）は、「市民社会科」（＝社会の構成原理にもとづいて、社会秩序を批判的につくり出す教科）の学習では、事実認識、価値認識、価値判断を議論の俎上にのせる必要があると論じ、それを図式化したものとしてトゥールミン・モデルを紹介している。池野は、トゥールミン・モデルを「ミクロ、マクロという二重の正当化の形」と捉える。D − W − Cがミクロ正当化であり、一種の三段論法である。他方、「W − Bがマクロ正当化であり、D − W − Cのミクロ正当化における要であるWをBによって実質的に根拠づけ、正当化する」（p. 48）という。池野によれば、一つの図式が「議論の一単位」であり、議論は、複数の単位が「対論構造」をなしたり、「対論構造」を越え新たな議論へ発展していくことで展開する。その中で、二重の正当化の構造も深化していくとされる。なお、ここでも、尾原（1991）の場合と同じく、RやQは含まれておらず、三角ロジックの論拠（W）をBで裏づけすることに重きが置かれている。

　このように、社会科でのトゥールミン・モデルの使い方の特徴は、事実認識と価値認識・価値判断の区別と関連を意識しながら、複数のトゥールミン・モデル（三角ロジック）を組み合わせて対立的な議論やそれをふまえた合意を生

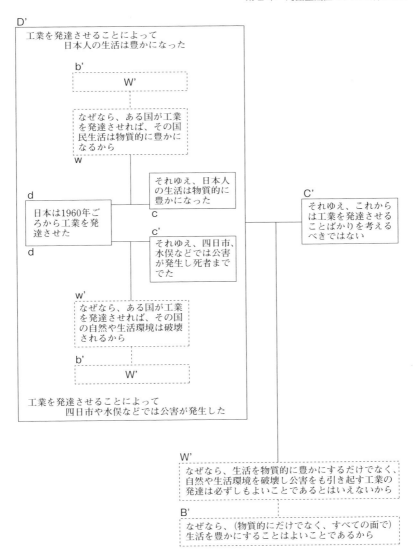

図 2-10　事実認識と価値判断の関連性

(出典) 尾原 (1991, p. 81) より抜粋。

徒に構成させようとする点にある。

（4）理科の場合

①理科でのアーギュメント研究

　理科は、国語と並んで、「アーギュメント」または「アーギュメンテーション」の研究が最も進んだ教科の一つである。前にもふれたように、一般に、「アーギュメント」はアーギュメント内容の指示対象を指し、「アーギュメンテーション」はアーギュメント構成のプロセスを意味している。本書ではどちらも「論証」と呼んでいる。

　理科でもやはりトゥールミン・モデルがアーギュメント研究の中心をなしている。たとえば、代表的な研究であるマクニール＆クラシック（McNeill & Krajcik, 2011）では、学習者がアーギュメント（論証）を行う際に、「適切で十分な証拠（evidence）を利用できない」「なぜ証拠が主張を支えているかの理由づけ（reasoning）ができない」「対立する科学的説明を考慮し、反駁を行うことが難しい」という３つの困難を抱えていることが指摘されている。ここでの理由づけ（reasoning）は、トゥールミン・モデルの論拠（warrant）と裏づけ（backing）を含むものとして使われている。

　対立意見や反証（反駁）を入れた活動の必要性もいわれている。たとえば、ドライバーら（Driver et al., 2000）は、「一般に生徒は "for and against"［＝賛成・反対］のアーギュメントを行うこと、あるいは、同じ論点について異なる複数の見解を示すことが苦手である」という。さらに、チン＆オズボーン（Chin & Osborne, 2010）は、証拠を使ってどの主張が正しいのかを判断させ、対立意見（カウンター・アーギュメント）に対しても、適切な主張と証拠を用いることができるように、「主張・証拠（データ）・理由・対立意見・反駁」を組み込んだ「アーギュメントシート」を提案している。

　日本の理科教育でも、こうした海外でのアーギュメント研究の動向をふまえて、トゥールミン・モデルの中でもとくに三角ロジックの部分が、〈主張・証拠・理由づけ〉という形で用いられ、この十年ほどの間に数多くの研究が蓄積されてきた。とりわけアーギュメントの構造にしたがってルーブリック（評価基準表）を作成し、子どもたちのアーギュメント構成能力を育成・評価するよ

うな研究が展開しているのが特徴的である（坂本他, 2012; 山本, 2014）。

②仮説実験授業

　理科教育における対話型論証の実践として私の頭にまっ先に浮かぶのは、「仮説実験授業」である。仮説実験授業の原則的な考え方は、①科学上の最も基本的な概念や原理・原則を教えるということを意図した授業である、②科学的認識は、対象に対して目的意識的に問いかけるという意味における「実験」を通してのみ成立する、③科学的認識は社会的な認識である、の 3 つだ（板倉, 1977）。とりわけ③を明確に位置づけたのが革新的であり、また、それが他の授業方法と比べてとりわけ対話型論証としての性格を強めている点でもある。仮説実験授業は、1950 年代に板倉聖宣らによって提唱され、それ以来実践されてきた理科教育の方式だが、近年でも、認知科学・学習科学の分野で仮説実験授業が取り上げられ、社会的相互作用（対話）を通じて理解深化を促す方法として肯定的な評価を受けている（波多野・稲垣, 2006; 齊藤, 2016）。また、アメリカを中心として大学の科学教育に広く普及している「ピア・インストラクション（Peer Instruction）」（Mazur, 1997; マズール, 2015）も、その構成や問題は仮説実験授業と意外なほどよく似ている（松下, 2017a）。

　いうまでもなく、仮説実験授業では「対話型論証」という言葉は出てこない。では、仮説実験授業はどのような点で対話型論証になっているのだろうか。仮説実験授業は、〈問題→予想→討論→予想変更→実験〉というステップで成り立っている。教科書は使わずに、単元ごとに「授業書」という教材集を用いる（授業書はその日使う分だけプリントとして子どもたちに配布される）。

　単元「燃焼」の授業をちょっとのぞいてみよう[8]。まず、ものに火がついて、その結果、ものが変化することを「燃焼（燃える）」と言うことを確かめた後、次のような〈問題〉に入る。

---

8)　以下の記述は、仮説実験授業の実践家として知られる上廻昭氏の授業「燃焼」（成城学園初等学校 6 年柳組、1988 年 12 月 3 日実施）にもとづいている。

【問題1】

　スチールウールのかたまりを天びんの両側にのせて、水平につりあわせます。

　つぎに、一方のスチールウールを綿菓子のようにほぐして、さらなどの上において燃やします。そして、すっかり燃えたら、また天びんにのせることにします。そのとき、天びんはどうなると思いますか。

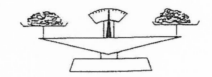

予　想

　ア　もやしたほうが軽くなって上がるだろう。
　イ　もやしたほうが重くなって下がるだろう。
　ウ　水平のままだろう。

［以下、略］

（出典）仮説実験授業研究会（1979. p. 5）より抜粋。

　スチールウールが燃えることを見せて、子どもたちが問題が十分理解できたら、教師は〈予想〉の分布を調べる。ア：29名、イ：3名、ウ：2名に分かれた。〈討論〉が始まる。「ア　軽くなる」派は、「木や紙は燃えると軽くなる。鉄だって軽くなるよ」「前、原子の勉強をしたときに、ものは原子の粒でできているって習った。ものは燃えると原子の一部がなくなるんじゃないかな。だから軽くなる」と理由をいう。一方、「イ　重くなる」派は「紙と鉄は違う。だから鉄だと重くなるかもしれない」と反論する。「ウ　同じ」派は、「燃えても鉄は鉄だから、変わらないんじゃないか」という意見だ。討論後に〈予想変更〉があるかどうかを教師が尋ねたが、予想を変えた子どもはいなかった。ここまで来たところで〈実験〉。スチールウールはオレンジ色に輝き、燃えつきた後は黒く変色し、ポロポロになった。だが、上皿天秤にのせると、カタン、燃えた後のスチールウールの方に傾き、重くなったことが確かめられた。子どもたちから驚きの声が上がる。

　ここでは、「紙は燃えると軽くなる」という日常生活での経験的事実が〈事実・データ〉として用いられ、それに対して、ある子どもたちは「鉄も紙と同

じ」という〈論拠〉により、「燃えた後は軽くなる」と〈主張〉し、別の子どもたちは「鉄と紙は違う」という〈論拠〉により、「燃えた後は重くなる」と〈主張〉する。前者は、「燃える＝原子の一部がなくなる」という誤概念によって補強されている。さらにまた別の子どもたちは「燃える前も燃えた後も物質は同じ」という〈論拠〉により、「同じ」と〈主張〉する。この三つどもえの対立は、討論では決着せず、実験によって、予想の正誤が明らかになる。ただし、予想が正しいからといって、論拠まで正しいとは限らない。

　授業書では、問題1の後にすぐ「鉄は燃えるとなぜ重くなるのか」というコラムがあり、「鉄が燃えてできた黒色のものは、鉄の原子と酸素の原子が結びついたものであること」が説明される。その後、次に「銅が燃えると、重さはどうなるか」という問題に取り組む。今度は問題1と異なり、「鉄は燃やすと重くなった」という〈事実・データ〉があり、鉄の原子と酸素の原子の結合が燃焼であるという説明も〈論拠〉として使える。紙と違って、鉄も銅も同じ金属であることも〈論拠〉になる。そこで、多くの子どもたちは「銅は燃えると重くなるだろう」と予想する。授業書では、この後、金属のマグネシウム、アルミニウム、ふつうの燃料である木ぎれ、ガス・石油などで実験を繰り返していく。

　こうして、対象に対して目的意識的に問いかける実験と、討論による社会的認識の形成を通して、燃焼という科学的概念が獲得されていくことになる。問題1では、予想の根拠（事実・データと論拠）は、日常生活の中で得た経験的事実と単なる類推や誤概念でしかなかった。そこへ燃焼という科学的概念を学び、実験を繰り返す中で、予想の根拠は、実験を通じて得た事実と燃焼という科学的概念（論拠）に置き換えられていく。問題を重ねることによって、論拠がより洗練され、適用範囲が定まっていくと考えられている。

　このように、仮説実験授業は対話型論証の事例として興味深いが、一方で、問題点も指摘されてきた（佐伯他, 1989; 松下, 2017a）。たとえば、「予想と仮説は必ずしも対応しない。誤った仮説の組み合わせで、正しい予想にたどり着く場合もある」「実験の後に、子どもに実験結果を解釈させたり、教師が説明したりしないので，子どもには実験によって何が確証・反証されたかがわかりにくい」といった点である。これは、〈事実・データ〉と〈論拠〉と〈主張〉

図 2-11　「大地の変化」の授業で使われた実験装置

（出典）川村・山下（2015, pp. 38, 40）より抜粋。

の関係を子ども自身が理解できるようにする手立てが不十分だったということ
を意味している。

③秋田大学附属中学校の授業から

　もう一つ事例を取り上げよう。秋田大学教育文化学部附属中学校で 2016 年
6 月に行われた中 1 理科「大地の変化」の授業は、仮説・実験と論証の関係を
考える上で興味深いものだった。

　まず、生徒たちに、秋田県の地形には断層・褶曲があるという写真を見せて、
「私たちの住む秋田県はどのような力が働いてできたのだろうか」という学習
課題（問い）が提示された。これに対して、生徒たちは 3 つの仮説を立てた。
仮説 A「縦向きの力が働いた」、仮説 B「横向きの引かれる力が働いた」、仮説
C「横向きの押される力が働いた」の 3 つである。「仮説」というのは、問題
状況に対する暫定的な説明であり、まだ確からしさ（蓋然性）は低い（「もし
かすると…かな」くらいだ）。そこで、生徒たちは仮説ごとにグループに分か
れて、図 2-11 のような「地層変形モデル」を使ったシミュレーション実験を
行った。その結果、断層と褶曲の両方ができたのは横向きの押される力を働か
せた場合だけであり、仮説 C が支持された。こうして、〈事実・データ〉（実
験では、横向きの押される力を働かせた場合のみ、断層と褶曲ができた）から、
〈論拠〉（この実験は秋田県の地層変形のシミュレーションになっている／この
実験で起きたことが秋田県の地形にも起きたのだろう）をふまえて、〈主張〉

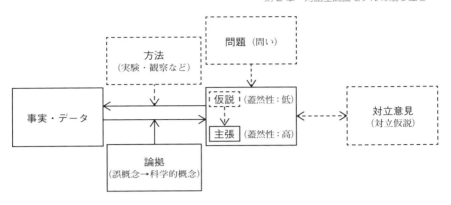

図 2-12　理科で行われる論証の構造

(注) 三角ロジックの中にない要素は点線で示している。

(秋田県の地形に断層・褶曲があるのは、きっと横向きの押される力が働いたからだろう) が導かれた。この主張は、最初の仮説よりずっと確からしさ (蓋然性) が高くなっている (「きっと…だろう」程度に)。

　以上をふまえると、理科で行われる論証の構造は、図 2-12 のように表すことができる。まず問題 (問い) に対して、仮説と対立仮説が作られ、その仮説・対立仮説を検証するために、実験・観察が行われる。対象に対して目的意識的に問いかける実験・観察によって〈事実・データ〉を作り出すわけである。事実・データを解釈・分析する際の〈論拠〉は最初は誤概念であることもあるが、授業で学んだ科学的概念を適用・一般化することで、より正しく適切に予想が行えるようになっていく。それに伴って、対立仮説は反駁され、仮説はより高い蓋然性をもった〈主張〉になっていくのである。

(5) 数学科の場合

　理科とは対照的に、数学は、トゥールミン・モデルや三角ロジックが最も使われてこなかった教科である。ただし、大学用教科書として編まれた『推論入門 (*An Introduction to Reasoning*)』(Toulmin et al., 1984) には、数学の例も掲載されている。たとえば次のような例だ。なお、原著ではモデルで描かれているが、文章に書き下した。G は根拠 (Ground) で、D (データ) にあたる。

Bは裏づけ、Wは論拠、Rは反証、Qは限定詞、Cは主張である。

【例：正多面体】

> 　「正四面体では、各頂点に集まる面は3つの正三角形であり、3つの角度は合計 $3 \times 60° = 180°$ になる。正八面体では、各頂点に集まる面は4つの正三角形であり、4つの角度は合計 $4 \times 60° = 240°$ になる。正二十面体では、各頂点に集まる面は5つの正三角形であり、5つの角度は合計 $5 \times 60° = 300°$ になる。立方体（正六面体）では、各頂点に集まる面は3つの正方形であり、3つの角度は合計 $3 \times 90° = 270°$ になる。正十二面体では、各頂点に集まる面は3つの正五角形であり、3つの角度は合計 $3 \times 108° = 324°$ になる。立体の頂点の等角のセットで、他に合計が $360°$ 未満になるものはない」（G）。「3次元ユークリッド幾何学の公理、定理、定義をふまえると」（B）、「正多面体はどの面も正多角形でできており、どの頂点の角も合計 $360°$ 未満である」（W）。「ユークリッド幾何学の形式的体系の内部ではどんな反証も例外も許されないのだが、上の例には反証も例外もないので」（R）、以上から、「厳格な幾何学的必然性をもって」（Q）、「正多面体は5つしか存在しない」（C）といえる。（Toulmin et al., 1984, p. 126）

　このように数学科でもトゥールミン・モデルは使える。ただ、他の教科に比べると、あまり有効性は感じられない。これは、トゥールミン・モデルの由来を考えればもっともなことである。トゥールミンの意図はもともと、論理学や数学のような「その結論が前提から必然的にあるいは確実に推論されうるもの」とは異なるタイプの論証を救い出すことにあったからである。

　だが一方、数学教育において、「アーギュメンテーション」の重要性を唱える人たちもいる。たとえば、礒田・笠（2008）は、OECD の PISA 調査（詳しくは第4章第2節参照）における「数学的アーギュメンテーション」の定義[9]をふまえた上で、「自ら推測した考えを他者（含む一般的他者）に数学的に立論していく過程で、他者と自己の結論・論拠・推論とを対比し、相互の論証

---

[9]　PISA 調査における数学的アーギュメンテーション（論証）の定義とは次のようなものである。「数学的な論証には以下のことが含まれる。・数学的証明とは何か、それは他の種類の数学的推論とどう異なるかを知ること。・さまざまなタイプの数学的論証の連鎖をたどり、評価すること。・ヒューリスティックス（「何が起こりえる（起こりえない）のか、それはなぜか」）の感覚を身につけ、数学的な論証を創造すること」（OECD, 2000, p. 25）。

■ 平方根のかけ算・わり算を学んだ後、次の問いを出す。

> 太郎くんは、$\sqrt{2}+\sqrt{8}$ を次のように計算しました。
> $\sqrt{2}+\sqrt{8}=\sqrt{2+8}$　このように計算してよいのだろうか。

よい：手続き先行意味欠落型（平方根数の計算は、数の計算に√をつければよい）
　⇕　[対決]
よくない：手続き先行意味確実型（反例あり）、意味曖昧型（塾で計算の仕方
　　　　　を学んだ）
　＊反例①　左辺＝$\sqrt{2}+\sqrt{8}$ ＝ 1.4 ＋ 2.8 ＝ 4.2　右辺＝$\sqrt{10}$ ＝ 3.1

■ 反例がいくつか出て上の議論が決着したら、今度は次の問いに移る。

> $\sqrt{2}+\sqrt{8}$ は計算できないの？

　　　　［中略］

■ 分配法則／同類項をまとめる（手続きの意味化）

図 2-13　数学的アーギュメンテーションの学習指導案の例

（出典）礒田・笠（2008, p. 29）を一部改変。

（含む説明）の内容・表現・質を相互に吟味し、より一般性のある考えや論証
を構成していくこと」（p. 25）と定義し、具体的な学習指導案をいくつも提案
している。図 2-13 はその一例である。

　最初の問いでは、「よい／よくない」が C（主張）、その理由（平方根数の計
算は、数の計算に√をつければよい／反例がある）が W（論拠）になっている。
D（事実・データ）にあたるのは、個別の数式だと考えてよいだろう。つまり、
「よくない」派の論証は、D（反例①の 2 つの式）、W（この 2 式の値の違いは、
$\sqrt{2}+\sqrt{8}=\sqrt{2+8}$ の反例になっている）、C（$\sqrt{2}+\sqrt{8}=\sqrt{2+8}$ と計算するのは
よくない）と描ける。

　意見の対立・対比が明確であること、反駁が反例を示すことで行われること、
最終的には、最初の問いへの答えにとどまらず「より一般性のある考えや論証
を構成していくこと」が求められること。これらは数学的論証ならではの特徴

といえる。

　なお、私たちは、数学の論証といえば、すぐに「証明（proof）」を思い浮かべるが、証明は数学的論証の一部である。『中学校学習指導要領（平成 29 年告示）解説：数学編』（文部科学省, 2017）では、証明を次のように説明している。

　　命題は「仮定」と「結論」からなる。そこで、数学的な推論を行う前に命題の「仮定」と「結論」をはっきりさせる。その上で、常に成り立つことが認められている事柄を証明の根拠にして、「仮定」から「結論」を導くこと、それが証明である。(p. 113)

　このうち、「仮定」が D、「結論」が C、「根拠」が W にあたる。「結論」は図形の証明問題のように最初から与えられている場合もあれば、前に挙げた正多面体の例や平方根の和の公式の授業例のように、生徒の側が帰納や類推によって結論を推測する場合もある。いずれにせよ、仮定から結論を導く証明そのものは演繹的に行われる。

　礒田・笠（2008）の「数学的アーギュメンテーション」論ではトゥールミン・モデルに対する直接の言及はないが、アバーディン & ダヴ編の『数学のアーギュメント（*The Argument of Mathematics*）』（Aberdein & Dove, 2013）には、トゥールミン・モデルを扱った章もいくつか収められている。たとえば、イングリスら（Inglis & Mejia-Ramos, 2013）は、数学的な解答に「どのくらい説得力があるのか？」を評価するためにトゥールミン・モデルを使っている。

　彼らが扱っている例は「π は正規数である」という主張である。正規数とは、「無限小数表示において数字が一様に分布しており、数字の列が現れる頻度に偏りがないという性質を持つ実数」のことをいうらしい。そして、「π は正規数か？」は未解決問題とされている。最初に挙げたトゥールミンらの正多面体の例は幾何学、先ほどの礒田らの例は計算だったので、数学的厳格性は当然必要なものとみなされており、限定詞は大した役割を果たしていなかったが、ここでは数字の列が現れる頻度という統計学的な性質が問題になっているので、まさに probability（確率／蓋然性）を表す限定詞が大きな役割を与えられている。

表 2-3　各教科における三角ロジックの使われ方

	事実・データ（data）	論拠（warrant）	主張（claim）
	根拠、証拠（evidence）	理由、理由づけ（reasoning）	解釈（読み）、主張
国語科	テクストの記述	これまでの経験や既有の知識など（作品に関する知識や文学・言語に関する概念を含む）	作品の解釈（多様な解釈が許される）
英語科	リーディング、ライティング、ディベートなどで、文章や議論の中の三角ロジックを把握したり、それを使って文章や議論を組み立てる		
社会科（歴史）	史資料（文献、図像など）から得られるデータ	歴史的文脈についての背景知識など	史資料の解釈（より妥当性の高い解釈が追求される）
理科	観察・実験によって得られるデータ	科学的な概念や原理・法則など	主張（真理性が追求される）
数学科	個別の事例や値・式など	公理や定理、公式、数や図形の性質など	証明すべき命題や求めるべき解（数学的確実性が追求される）

（注）各要素の名称は、上段に Toulmin（1958/2003）、下段にその他の呼称を挙げた。

　このように、数学においてもトゥールミン・モデルは適用可能であり、数学的論証の重要なツールになりうることがわかる。

（6）さまざまな教科における三角ロジックの使われ方

　ここまで述べてきたさまざまな教科における三角ロジック（やトゥールミン・モデル）の使われ方をまとめると、表 2-3 のようになる。

　第 2 章第 1 節で、「私たちの論証のどんな特徴が場不変的で、どんな特徴が場依存的なのか？」という問いに対し、トゥールミンが、トゥールミン・モデルで描かれた論証の形式は場不変的で、その構成要素は場依存的だと考えていることを述べたが、それは「場」を教科、あるいはその下の科目としたときにも確かにあてはまることが、この表からもわかるだろう。

第3章

対話型論証モデルの展開

1. トゥールミン・モデルの拡張

(1) トゥールミン・モデルへの批判

　トゥールミン自身の弁によれば、『議論の技法』は、専門の哲学者たちからは長い間、徹底的に批判されたり無視されたりしていたらしい（トゥールミン, 2011, アップデート版への序）。しかし、まずディベートなどのスピーチ・コミュニケーションやレトリックといった分野で注目されるようになり（Ehninger & Brockriede, 1963）、今では、議論学、非形式論理学、論理的思考・批判的思考、アカデミック・ライティングなどの分野・テーマでトゥールミン・モデルに言及しないものはない、といってもよいほどだ。

　第2章でみたように、教育の世界でも、すでに多くの教科・分野で取り入れられている。だが、教育の世界での普及は、トゥールミン・モデルを丸ごと、というよりは、その一部である三角ロジックに偏っている。それは、トゥールミン・モデルがやや複雑であることに加えて、とりわけ教育という文脈において露わになるいくつかの難点を抱えているからだろう。

　牧野由香里氏は、主著『「議論」のデザイン―メッセージとメディアをつなぐカリキュラム―』において、トゥールミン・モデル（論証のレイアウト layout of arguments）に対する批判を次の2点に要約している（牧野, 2008, p. 96）。

（a）ダイアローグではなくモノローグの視点で描かれている

（b）法廷の特殊な議論に限定されている

　まず、（b）についていえば、これまでみてきたように、確かにトゥールミン・モデルは法廷での議論をモデルにしている。この法廷での議論は以下に書かれているように「敵対的口頭弁論」の特徴をもっている。

　　優れた弁論とは、単に自己の主張の根拠となる事実や理屈の提示がなされていることに尽きるわけではない。司法の特徴である敵対的口頭弁論に触れることにより、常にありうる反論を意識して、適切な留保を付けるなどの備えができるようになる。また、逆に、相手の弁論の問題点を指摘して、反論する能力も鍛えることができる。（日本学術会議の分野別参照基準（法学分野）10) より。傍点は引用者による）

　トゥールミン・モデルがまずディベートの分野で広がったのも、敵対的口頭弁論の形式をもつディベートとなじみがよかったからだろう。

　だが、トゥールミン・モデルは法廷での議論をモデルにしてはいても、それに限定されるわけではなく、さまざまな「場」での論証を扱うことのできるモデルである。この論点については、これまでの議論や第Ⅱ部の実践編で扱う教科・分野の多様性をみれば納得していただけるだろう。

　一方、（a）についていえば、この批判はトゥールミン・モデルの本質をついている。上記の引用の表現を使えば「常にありうる反論を意識して、適切な留保を付ける」役割を果たしているのがR（反証）だが、それは実際の他者となされる議論の一部ではなく、あらかじめ反論を想定しておいて主張を組み立てるための要素にすぎない。

　同様の批判は、発達心理学者の富田・丸野（2004）やオランダの宗教学者Slob（2006）によっても行われている。富田らの論考は、思考研究としてのア

---

10)　日本学術会議大学教育の分野別質保証推進委員会法学分野の参照基準検討分科会, 2012, p. 15。

ーギュメント研究をレビューしたものである。アーギュメントは、「理由付け
や反証例の想定など、ある主張を構成するための一連の言葉の形式、或いはそ
れらの構成要素を含む一連の言葉のやりとり」（p. 187）と説明されている。
富田らによれば、アーギュメント研究は、主に個人を分析の対象とした「論証
としてのアーギュメント研究」と個人間過程にふみこんだ「対話としてのアー
ギュメント研究」に分類できるとされ、前者の代表例としてトゥールミンが取
り上げられている。もうおわかりかと思うが、本書の「対話型論証」は、この
2つを統合しようとしたものである。

　一方、Slob（2006）は、トゥールミン・モデルについての論集の中で、〈ト
ゥールミン・モデルのR（反証）はC（主張）を正当化するだけで、主張を覆
すことはない。Rの中に「他者の声」を響かせ、論敵がより実質的な役割を果
たせるようにすることで、議論がより弁証法的になるはずだ〉（p. 166）と論
じている。「弁証法的」とは平たくいえば、対立意見をふまえてより多面的で
豊かなものになる、という意味である。

　日米仏の言語教育の比較研究を行っている渡辺雅子氏は、アメリカの小論文
（essay）教育についてこう指摘している。

　　　現代アメリカのエッセイはギリシャ・ローマの演説（oratio）の議論構造
　　　を模しているといわれるが、演説が 1. 序言、2. 叙述、3. 論証、4. 反駁、5.
　　　結論の五つの要素から成るのに対して、エッセイは、主題、論証、結論の
　　　三要素で構成される。古典の議論構成と比べてアメリカのエッセイで抜け
　　　落ちたのは、主題（主張）の事実背景を説明する「叙述」と反対意見を論
　　　駁する「反駁」である。（渡辺, 2007, p. 581）

「反駁」を除くことによって、アメリカの小論文は「書き手の主張したい目
標に向かってまっすぐに突き進む単純で効率的な構造となった」が、弁証法的
な性格は失うことになった。アメリカでこのような小論文の型が生まれたのは、
1960 年代後半に大学の大衆化が起こったときだという（渡辺, 2006, p. 26）。こ
のことはトゥールミン・モデルの普及の仕方とも関係していよう。

　これらの研究でも指摘されているように、トゥールミン・モデルは、あくま

でもダイアローグではなくモノローグの視点で描かれている。ダイアローグ
（対話）が対象世界の意味や他者との関係を構築する上でもつ重要性が、今日、
広く認識されていることを考えれば（たとえば、白水、2020 など）、モノロー
グの中に取り込まれている「反証（R）」をダイアローグの場に引きずり出す
必要がある。

(2)「論理のしくみ図」と「十字モデル」

　それを具体化したのが、牧野（2008, 2013）の「論理のしくみ図」と「議論
の十字モデル」[11]である。牧野は、まず、アリストテレスの弁論術──ロゴス
（論理）・パトス（共感）・エトス（信頼）という説得術の 3 要素や、演繹法・
帰納法を含む──とトゥールミンの「論証のレイアウト」を統合して、「論理
のしくみ図」（図 3-1）を提案した。そしてさらに、全体の有機的な関係性を
高めるために、それを「議論の十字モデル」（図 3-2）へと創り変えた。

　トゥールミン・モデルと異なる「論理のしくみ図」「十字モデル」の大きな
特徴は、私のみるところ、次の 2 点にある。一つは、〈予想される反論－論破〉
（「論理のしくみ図」の場合）あるいは〈反論－論駁〉（「十字モデル」の場合）
という左側の部分を加えることで、モノローグではなくダイアローグの視点で
思考と議論のプロセスを描いた点である。もう一つは、複数の主張からなる
「スピーチ、プレゼン、レポート、議論など」を対象とし、〈問題－結論〉（「論
理のしくみ図」の場合）あるいは〈背景－提言〉（「十字モデル」の場合）とい
う縦軸を通した点である。

　とりわけ、「十字モデル」では、全体の構造が 3 本の軸から成り立っている
ことが明確に表現されている。3 本の軸とは、真ん中の縦軸（背景－命題－提
言）と右の横軸（具体－抽象－命題）と左の横軸（反論－論駁－命題）である。
「3 本の軸がすべて『主張』（命題）を中心とすることから、『主張』を核とす
る論理構造全体を分析することができる」（牧野、2008, pp. 321-322）という。

　「十字モデル」は、シンプルで美しいモデルである。だが、私にはいくつか
の難点があるように思われた。

11）　牧野の「十字モデル」には、「議論の十字モデル」の他に「やさしい十字モデル」「論文の十字モ
　　デル」などもあるが（牧野、2013）、最もよく知られているのは「議論の十字モデル」である。

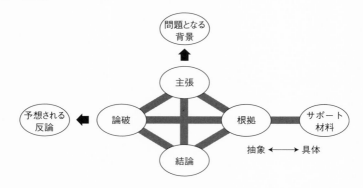

図 3-1　論理のしくみ図

（出典）牧野（2008, p. 207）より抜粋。

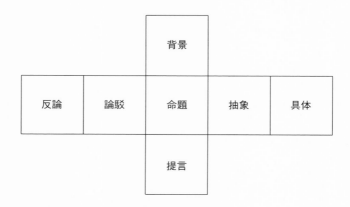

図 3-2　議論の十字モデル

（出典）牧野（2008, p. 103）より抜粋。

　まず、トゥールミン・モデルの〈データ−論拠〉を〈具体−抽象〉に変えたことは、単に抽象性の程度の違いでは片付けられない「データ」と「論拠」の意味の違いを見えにくくした。

　また、「論理のしくみ図」の〈問題となる背景−結論〉を「十字モデル」では〈背景−提言〉としたことによって、問題・結論には、政策論題だけでなく事実論題や価値論題も含まれうることが伝わりづらくなった。

　ここで、「事実論題」「価値論題」「政策論題」について簡単に説明しておこ

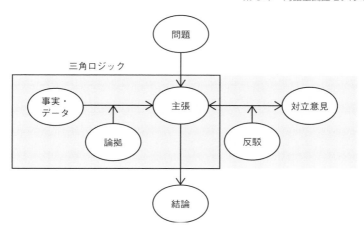

図 3-3　対話型論証モデル（再掲）

う。ディベートでは論題を「事実論題」「価値論題」「政策論題」に分類する。「論題」とは文字通り「議論の主題」のことである。英語では "proposition" で、これは「命題」と訳されることもある。「事実論題」とは、事実の有無・真偽を論じるものである（例：「COVID-19 は中国の武漢で初めて確認された」）。「価値論題」とは、善悪、美醜、重要性などの価値判断を論じるものである（例：「コロナ感染防止より経済活動の方が大切だ」）。政策論題とは、ある行動をすべきか、ある政策を実施すべきかを論じるものである（例：「学校を 9 月入学にすべきだ」）。「提言」は政策論題にはなじむが、事実論題、価値論題にはなじまない。「結論」とした方が、論題のタイプの違いに関係なく使えるし、「問題」と対をなしていることもわかりやすい。

　さらに、7 つのボックスを使ってタテ・ヨコで直線的に表現すると、三角ロジックという名称の由来もわかりにくくなる。ただし、意味を理解した後なら、手書きでも描きやすく、メンタルモデルとして使いやすい。私も大学教育段階（第 6 章参照）では要素の名称を変えた上で、7 つのボックスだけで示す十字モデルの形を採用している。

　このような理由から、私は「論理のしくみ図」や「十字モデル」を、さらに「対話型論証モデル」に組み替えることにした。

(3) 対話型論証モデルへ

　対話型論証モデルは、「十字モデル」よりは「論理のしくみ図」に近く、さらに、もともとのトゥールミン・モデルに遡って、その内容を発展させようとしたものである。モデルを再掲しよう（図3-3）。

　トゥールミン・モデルと対話型論証モデルの違いは主に以下の3点にある。このうちとくに最初の2点は牧野の「論理のしくみ図」や「十字モデル」の特徴を引き継いでいる。

(a) 「問題」と「結論」を付け加えたこと

　トゥールミン・モデルのように単一の主張を扱うだけでなく、より大きな議論の単位（発表、ディベート、レポート、論文など）を扱えるようにするには、問題とそれに対する結論をモデルの構成要素として取り入れる必要がある。トゥールミンはしばしば「主張」と「結論」を互換的に使っているが、それは単一の主張を扱っているからで、より大きな議論の単位になると、「結論」は、複数の主張をまとめ上げ、問題に対する答えを述べるという役割を担うことになる。「問題」と「結論」をつけ加えたことによって、問題に対して結論を示す「問題解決」という軸が加わることになった。

(b) 他者との関係を示したこと（「対立意見」を加え、「反証」を「反駁」に変えたこと）

　トゥールミン・モデルでは、「反証（Rebuttal）」は、「〜でない限りは」という留保条件のような形で三角ロジックに付随する要素として扱われていた。一方、対話型論証モデルでは、他者との対話の必要性を明確化するために、同じ問題に対して主張とは異なる立場にたつ〈対立意見〉、およびその対立意見に反論を加え自らの主張を擁護するための〈反駁〉[12]を右側に取り出して示している。「対立意見」と表現しているが、自分の主張との違いを含む意見であれば、ディベートの場合のように明確な対立関係にある意見である必要はない。野矢茂樹氏は、「自分と異なる意見の相手と対話する。それこそ、論理が要求

---

12)　当初は「論駁」としていたが、一見して「論拠」と区別しやすいように、現在は「反駁」としている。

されるもっとも重要かつ典型的な場面である。［中略］論理的な力とは、多様な意見への感受性と柔軟な応答力の内にある」（野矢, 2001, p. 6）と述べている。対話型論証モデルにおける「対立意見」とはまさに、ここでいわれている「自分と異なる意見」のことである。

(c)「限定詞」を主張に、「裏づけ」を論拠に組み込んだこと

　上記のように新しい要素を加える一方で、トゥールミン・モデルの「限定詞」と「裏づけ」は省略した。不要だと考えたからではなくて、モデルの複雑さを減らすためである。まず、限定詞は主張の中に組み込む。限定詞は、第2章第2節の理科の場合でみたように、主張の確からしさを示す上で重要だが、主張の「但し書き」のような形で扱うことにする。また、裏づけは論拠の中に組み込むこととした。対話型論証モデルにおける「論拠」は、トゥールミン・モデルのそれより広い意味をもつ。これは、裏づけと論拠の区別に多くの紙数をさいているトゥールミンからすれば認めがたいことかもしれないが、ここでは、裏づけと論拠の違いよりも、両者がともに、「D（事実・データ）」から「C（主張）」への移行を橋渡しするという共通の機能をもつことの方を重視した。実際、「W（論拠）と B（裏づけ）の区別は隠される場合がある」（トゥールミン, 2011, p. 163）ことはトゥールミンも認めるところである。対話型論証モデルでは、論拠と裏づけの違いは、必要に応じて論拠の説明の中で示すことにしたい。

2.　対話型論証モデルのバリエーション

　第2章では、トゥールミン・モデルや、その一部である三角ロジックが、これまでさまざまな教科で研究・実践されてきたことをみてきた。

　前にもふれたが、現在の学校教育では、学習の発展のプロセスが「習得・活用・探究」という3段階で表されることがある。とくに、2018年3月に告示された新しい高等学校学習指導要領では、「○○探究」という科目が数多く新設され（理数探究、古典探究、地理探究、世界史探究、日本史探究）、これまでの「総合的な学習の時間」も「総合的な探究の時間」と呼ばれるようになっ

た。だが、このような「探究」の氾濫に戸惑いを感じている人は教師にも生徒にも少なくないはずだ。

　対話型論証は、まず探究の指導や学びに効果を発揮する（詳しくは第5章をみていただきたい）。ただし、対話型論証の有効な範囲は探究に限定されるわけではない。習得・活用と探究の大きな違いは、習得・活用段階では多くの場合、〈問題〉を教師が与えるが、探究段階では生徒が自分で設定すること、探究は問題から結論に至るプロセス全体を生徒主体で行うこと、探究はより長いタイムスパンをとって行われること、にある。逆にいうと、それを除けば対話型論証は習得・活用段階でも有効である。今回の学習指導要領では、中学校でも高校でも、「社会について資料に基づき考える」「観察・実験を通じて科学的に根拠をもって思考する」「意見と根拠、具体と抽象を押さえて考える」「立場や根拠を明確にして議論する」（「改訂のポイント」[13]より）といった活動を取り入れることが勧められているが、これらはすべて対話型論証の一部だ。

　さて、「対話型論証モデル」の原型は図1-1（＝図3-3）で示したものだが、その後、高槻中学校・高等学校で使っていくなかで、いくつかのバリエーションが生まれてきた（高槻中高の取り組みについては、第5章第1節を参照していただきたい）。いずれも、授業で使うときに書き込めるようワークシートの形式にしてある。

(1) 論証モデル（ver. 1）

　まず、教科による用語の違い（表2-3）にあわせて、各要素の表現を増やした（図3-4）。たとえば「主張」は、理科のような教科の場合、最初は「仮説」であることが多いので、「主張・仮説」としている。「仮説」は、問題状況に対する暫定的な説明であり、それは、事実・データや論拠・理由づけを用いてより確かなものにすることによって「主張」となる。また、前に述べたように、「対立意見」は必ずしも対立する意見とは限らないので、「先行研究、異なる観点」などを加えた。「結論」も政策論題のようなタイプの場合は、「提言」と表

13）「幼稚園教育要領、小・中学校学習指導要領等の改訂のポイント」（https://www.mext.go.jp/content/1421692_1.pdf）、「高等学校学習指導要領等の改訂のポイント」（https://www.mext.go.jp/content/1421692_2.pdf）参照。

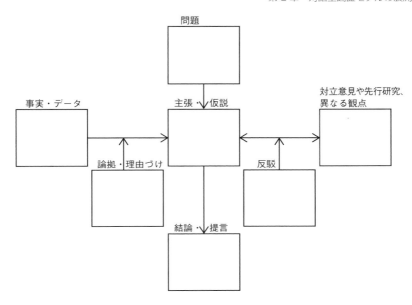

図 3-4　論証モデル（ver. 1）

す方がぴったりくるので、「結論・提言」とした。「対話型論証モデル」という
名前は長いので、ふだんは「論証モデル」と呼ぶことも多い。

（2）論証モデル（ver. 2）

　実際に論証モデルを動かしてみると、「対立意見」の側にも「主張」と同じ
く、「事実・データ」や「論拠」があることに気づく。そこで、「対立意見」に
も「主張」と同じ構造をもたせたのがこのモデルである（図 3-5）。「主張」か
ら「対立意見」に「反駁」が行われる場合、それは「対立意見」の側の「事
実・データ」や「論拠」の正確性や適切性などについての疑義・批判を含んで
いるはずである。最後の「結論・提言」は、対立意見への「反駁」を通じて主
張を補強したり、自分の主張の中に対立意見を一部取り入れたり、両者の妥協
点を見つけたりといった形で行われるので、「主張」と「対立意見」の両方か
ら矢印を伸ばしている。

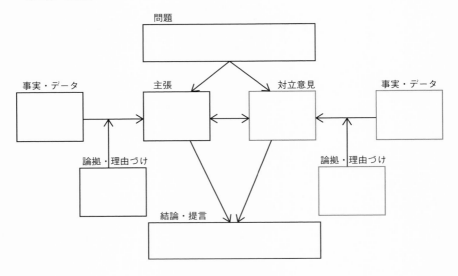

図 3-5　論証モデル（ver. 2）

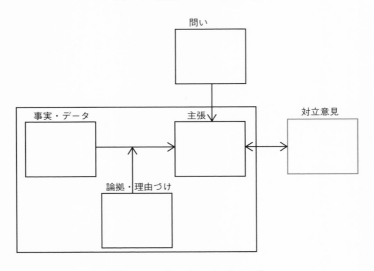

図 3-6　三角ロジック（ver. 1）

(3) 三角ロジック（ver. 1）

習得・活用段階では、論証モデルまで必要としないこともある。その場合は、

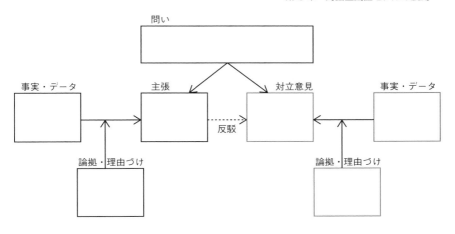

図 3-7　三角ロジック（ver. 2）

三角ロジックを少しアレンジしたものを使っている。図 3-6 では枠で囲んだ部分が三角ロジックである。授業中の発問は、「問題」ではなく「問い」と表現している。発問は、複数の異なる意見を引き出すようなものが望ましいので、「対立意見」も加えている。

（4）三角ロジック（ver. 2）

（2）で述べたように、「主張」の側だけでなく、「対立意見」の側にも「事実・データ」や「論拠」がある。三角ロジックでそれを示したのがこのモデルである（図 3-7）。最初から最後まで論題に対する「肯定側」か「否定側」かの立場を設定して行うディベートの構造はこのモデルに近い。

論証モデル（ver. 2）との違いは、必ずしも生徒が自分で問題を設定するのではない点、また、自分の主張と対立意見を統合して問題に対する結論を導くことを求めない点にある。

（5）論証モデル（ver. 3）

これは 2020 年度の高校の総合学習（総合的な探究の時間）で使われ始めた最新のもので、論証モデルのフルモデルといってもよいバージョンだ（図

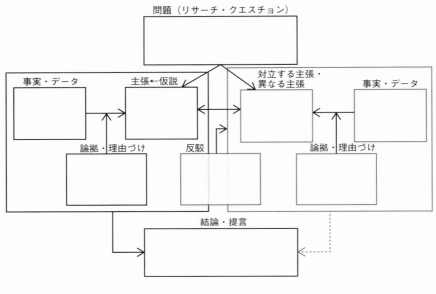

図 3-8　論証モデル（ver. 3）

3-8)。まず、2つの主張の対立構造や、それぞれの主張における三角ロジックの構造が見えやすくなるように、「対立意見」を「対立する主張」と変えた上で、それぞれを枠で囲んだ。「主張←仮説」としたのは、多くの場合、主張が最初は仮説であることがわかりやすいようにするためである。自分の主張から「対立する主張」（異なる主張）に対して「反駁」を加えること、その上で、最終的な「結論・提言」が対立する主張もふまえて導かれることを実線と点線で表した。

　初めて使う方には一見複雑にみえるかもしれないが、このモデルには対話型論証の考え方が凝縮されている。

　以上、高槻中高で使われてきた5つのバージョンを示した。実践するなかで気づいたことは、いずれのタイプにおいても、問題（問い）が不可欠だということである（ここでは、論証モデルには「問題」、三角ロジックには「問い」という言葉を使っている。「問題」は「探究課題（リサーチ・プロブレム）」と「探究設問（リサーチ・クエスチョン）」の両方を含んだもの、「問い」は授業

の「発問」的なものというイメージで使い分けている）。「そんな当たり前のことを」と思われる方もいるだろうが、トゥールミン・モデルや普通の三角ロジックには、問題（問い）という要素がないことを思い起こしていただきたい。問題（問い）は不可欠だとはみなされてこなかったのである。

　だが、問題（問い）がなければ、そもそもこのようなモデルを使った思考は動き出さない。これまで授業で使われてきたトゥールミン・モデルや三角ロジックで問題（問い）がなくてすんでいたとすれば、それは問題（問い）を教師が与えてきたからだろう。〈問題（問い）－主張・結論〉は私たちの対話型論証モデルにとって幹となる軸である。

　これまでに高槻中高の実践を通じて生まれたバリエーションはこのくらいだが、それぞれの学校で実践されるなかで、さらに別のバリエーションが出てくるかもしれない。教員間で授業について検討するときにそのたたき台となり、授業の計画や振り返りを行う際の意思疎通のツールになるのも、論証モデルのよい点である。生徒・学生から新しいアイデアが出てくることもあるだろう。使いながら、目の前の生徒・学生にあわせてアレンジしていっていただければと思う。

3.　「シンキングツール」との違い

　こんなふうにたくさんの図を見せられると、読者の中には、「シンキングツール」と似ているなと思われた方もいるかもしれない。「シンキングツール」（または「思考ツール」）は関西大学の黒上晴夫氏を中心に開発・整理されたもので（黒上他, 2012）、小学校から高校までかなり広く普及している。「ベン図」「マトリックス（表）」「ピラミッドチャート」「座標軸」のような一般的なものもあれば、「フィッシュボーン」「バタフライ・チャート」のように少し遊び心の入った具象的なものもある（図3-9）。2012年の時点で24個のシンキングツールが挙がっているが、その後も付け加えられている。

　シンキングツールは、「考えを進める手続きやそれをイメージさせる図」（p. 2）として可視化されたものである。図を使えば、それによって思考はある種の制約を受けるが、むしろそうした制約を作り出すことによって、かえって

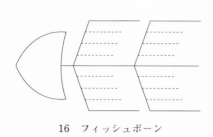

16　フィッシュボーン

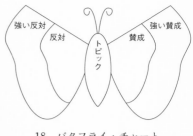

18　バタフライ・チャート

図3-9　シンキングツールの一部

（出典）黒上他（2012, p.iii）より抜粋。

思考を活性化するのがねらいとされている。これは認知科学の制約論（たとえ
ば、ノーマン（1990）など）に依拠した考え方であり、対話型論証モデルも同じ
考え方に立っている。

　もっとも、対話型論証モデルとシンキングツールには違いもある。シンキン
グツールは、「思考に関係する動詞」によって表現される「思考スキル」と対
応づけられている。たとえば、図3-4の「フィッシュボーン」は「分析する」
「焦点化する」「構造化する」、「バタフライ・チャート」は「理由づける」「多
面的に見る」「多角的に見る」といった具合だ。

　「思考に関係する動詞」は見てのとおり、「とても一般的かつ普遍的な思考の
手順であって、どのような教科や活動においても、さまざまな形で用いるこ
と」（p. 56）ができる。「思考に関係する動詞」と対応づけられているシンキ
ングツールもそうだ。一方、対話型論証モデルは、同じようにさまざまな教科
や活動で用いることができるが、しかし、第2章第2節でみたように、共通性
だけでなく、教科や活動による多様性・固有性も重視している。これが第一の
違いだ。

　もう一つの違いは、粒の大きさ（粒度 granularity）の違いである。シンキ
ングツールは、「思考に関係する動詞」に対応するくらいの粒の細かさである。
一方、対話型論証モデルは、ある問題（問い）に対して何らかの主張を行う、
結論（答え）を出すという一まとまりの手続きに対応するくらいの粒の大きさ
である。たとえば高槻高校での総合学習の授業で、バタフライ・チャートを使

ったことがある（第5章第1節参照）。バタフライ・チャートは〈あるトピックに対する、反対（強い反対）－賛成（強い賛成）〉を可視化するツールなので、賛成意見・反対意見の整理のために使った。だが、ある問題に対して、他者と対話しながら、根拠（事実・データと論拠）をもって主張を組み立て、結論を導いていくプロセス全体をカバーするには、対話型論証モデルが必要になる。どちらがよいというより、どちらを選ぶかは目的によって異なるということだ。

4.　「知の理論」に向けて

（1）　トゥールミンの「知の理論」

　ここで、あらためてトゥールミンの言葉に耳を傾けよう。『議論の技法（*The Uses of Argument*）』におけるトゥールミンのそもそもの意図はどこにあったのか。

> いかなる意味においても、私はレトリックや議論の理論を詳細に論じるつもりはなかった。私の関心事は20世紀の認識論であり、非形式論理ではなかった。ましてや、後にコミュニケーション学の学者に"トゥールミン・モデル（Toulmin model）"と呼ばれるようになったような分析的モデルを想定していた訳でもなかった。（Toulmin, 2003, p. vii）

　「20世紀の認識論」——これをトゥールミンは、「知の理論（theory of knowledge）」とも「比較応用論理学（comparative applied logic）の一分野」とも呼んでいる（p. 195）。これらの学問は、「私たちの知識主張に対して、私たちは十全な根拠を持っているのか？」「私たちが知識主張を基礎づける根拠は、本当に基準に達しているのか？」を問うものだという（p. 200）。

　ここでいう「知識主張（claims to knowledge）」とは、「私は…を知っている」と主張することだ。このように主張することは、「主張の信頼性に対し何らかの仕方で返答できるような立場にコミットすること」である（p. 197）。それはいいかえれば、「自身の主張を良いものとし正当化すべきである、という課題に身をさらすこと」であり、「この課題に応えるためには、自身の主張

の正当性を確立するのに十分だと思えるような、根拠や議論を出さなければならない」という責任を担うことである（p. 199）。比較応用論理学の一分野としての「知の理論」の問いとは、このようにして行われる論証が基準に達しているかどうか、つまり、尊重して受け入れるに値するか、それとも考慮の末拒絶すべきであるか、に関わるものなのである。

（2）さまざまな「場」での論理

「比較応用論理学」とは聞き慣れない言葉だが、前に述べたように、「私たちの論証のどんな特徴が場不変的で、どんな特徴が場依存的なのか？」を明らかにしようとする学問だと考えてよいだろう。「場（field）」というのは、活動などが行われている現場でもあるし、学問の分野・領域でもあった。

『議論の技法』にはあまりトゥールミン・モデルの例が多くないが、トゥールミンらによって大学用教科書として編まれた『推論入門（*An Introduction to Reasoning*）』（Toulmin et al., 1984）には、法学、科学、芸術、経営学、倫理学などの学問分野からとられた事例や、天気予報、サンフランシスコ 49ers の勝敗、育児を妻任せにしている夫など日常生活からとられた事例が、演習問題も含めて掲載されている。その中から、事例を２つ紹介しよう。一つは、科学的な推論の例、もう一つは、日常生活における善悪の判断（道徳的判断）の例である。なお、原著ではモデルで描かれているが、文章に書き下した。Gは根拠で、D（データ）にあたる。

【例：甲状腺腫の原因】

> 「甲状腺腫は、水道水のヨウ素含有量が目立って低い地域の風土病である。水道水に少量のヨウ素を添加すると、甲状腺腫は発症しなくなる」（G）。したがって、「どうやら」（Q）、「甲状腺腫は食事におけるヨウ素不足が原因で起こる」（C）といえそうだ。なぜなら、「代謝過程全般、とくに欠乏症に関する経験が示すように」（B）、「欠乏している食物成分を置き換えることで医学的障害が解消されるという事実は、他に重要な要因がなければ、障害がその食物の欠乏によって直接引き起こされていることを示していると考えることができる」（W）からである。（Toulmin et al., 1984, p. 338）

【例：育児を妻任せにしている夫】

> 「ジム（夫）はいつも、育児をしているベティ（妻）を家に置いて、仲間と飲みに出かけており、ベティにそれで大丈夫かと尋ねることすらしていない」（G）。したがって、「見たところ」（Q）、「ジムのベティに対する扱いは、全く不当で思いやりに欠けている」（C）といわざるをえない。なぜなら、「人間関係における公平性の要求についての現代的な理解をふまえると」（B）、「今日では、妻を一晩中家に縛りつけたまま、夫が妻を置いて外出するなどということはありえない」（W）ことだからである。(Toulmin et al., 1984, p. 125)

どちらも、G（根拠）（＝D（データ））、W（論拠）、B（裏づけ）の違いがよくわかる例である。前に述べたように、Wは「一般的で仮言的な言明」、つまり、WはDより一般的だが、Dのように事実を述べたものではなく仮説や推測を含んでいる。だからこそ、Wが成り立つことをさらに「定言的事実言明」であるBによって裏づける必要があるのである。

このように、「私たちの論証のどんな特徴が場不変的で、どんな特徴が場依存的なのか？」という問いに対しては、〈トゥールミン・モデルの論証の型は場不変的（場が異なっても共通）だが、モデルの各要素の中身は場依存的（場によって中身が異なる）〉と答えることができる、ということがあらためて明確になった。

(3) 国際バカロレアの「知の理論」との共通性

ところで、読者の中には「知の理論（theory of knowledge）」「知識に関する主張（knowledge claim）」というフレーズに聞き覚えのある方もおられるだろう。「知の理論」として日本で知られているのは、国際バカロレア（International Baccalaureate, IB）のディプロマプログラム（Diploma Programme, DP）の「知の理論（Theory of Knowledge, TOK）」である。日本の高校教育に相当するディプロマプログラムでは、6つの教科とその中核に3つの「コア」[14]が配置されている。そのコアの一つがTOKである。TOKは

---

14) 「コア」には、TOK、CAS（Creativity 創造性、Activity 活動、Service 奉仕）、EE（Extended Essay 課題論文）の3つの要素が含まれている。

以下のように説明されている。この説明は、TOK 2015（2013 年から教えられ始め、2015 年に初めて評価が行われたバージョン）のガイドブックから引用したものである。

> 「知の理論」（TOK）は、批判的（クリティカル）に思考して、知るプロセスを探究する授業です。特定の知識体系を身につけるための授業ではありません。［中略］TOK では、私たちが「知っている」と主張することを、いったいどのようにして知るのかを考察します。具体的には、「知識に関する主張」（knowledge claim）を分析し、「知識に関する問い」（knowledge question）を探究するよう生徒に働きかけていきます。「知識に関する主張」とは、「私（たち）は X のことを知っている」や「私（たち）は Y のやり方を知っている」といった主張であり、知識についての言明です。「知識に関する問い」とは、知識についてのオープンな問いです。（国際バカロレア機構, 2014, p. 9）

　このような考え方に立って、TOK において生徒は、8 つの「知識の領域」（数学、自然科学、人間科学、歴史、芸術、倫理、宗教的知識の体系、土着的知識の体系）を、「知識の枠組み」を使って比較・対比しながら、領域間の共通性と差異を発見することがめざされていた。

　IB の TOK がトゥールミンの理論をどれほど参考にしているかは定かではないが、IB の TOK には、まさにトゥールミンが「20 世紀の認識論」「比較応用論理学」と呼んだものが教育内容化されているように見える。もっとも、この従来のバージョンは高校生にはやや難易度が高すぎるように私には思われた。実際、シンガポールの IB 校出身のある学生は、「TOK ってわけがわからないよねと友だちと話してました」と私に語った。

　TOK の最新バージョンである TOK 2022（2020 年から教えられ始め、2022 年に初めて評価が行われるバージョン）では、高校段階の生徒により適した内容に改変されている。知識の領域は 8 つから芸術、歴史、人間科学、数学、自然科学の 5 つにスリム化され、評価に使われる TOK エッセイ（小論文）も、自分で問いを設定するのではなく、いくつかの「知識に関する問い」の中から

自分で選んだ問いを探究する形に変わった（International Baccalaureate Organization, 2020）。だが、〈私たちが「知っている」と主張することを、いったいどのようにして知るのかを考察する〉という TOK の本質は変わっていない。

　ICT の発展の中で、私たちは毎日、膨大な量の「知識に関する主張」に出会う。この「ポスト真実の時代」では、事実と虚構、ニュースとフェイクニュース、知識とプロパガンダの区別が難しくなっている。「何が真実で何がそうでないのか」「何が事実で何が虚構なのか」「誰が知識を持っていて何を代表しているのか」「どの専門家の意見が信用できるのか」。こういったことに、今まで以上に敏感になることが必要になる。私たちは、東北大震災のときもそのような状況に遭遇したが、10 年も経ずして、このコロナ禍の中で、世界規模で同じ状況に直面することになった。TOK は、リスクに満ちた、ポスト真実の時代において、「知識に関する問い」を問い、「知識に関する主張」を行うことを学ぶ科目である。そこでは、エビデンス、確実性、真実、解釈、権力、正当化、説明、客観性、ものの見方、文化、価値観、責任の 12 の概念がキー概念とされている。このような TOK の意図は、トゥールミンがめざした「知の理論」（あるいは「比較応用論理学」）ときわめて似たところにあるといえるだろう。

　だが、このポスト真実の時代を生きていく上で必要な上記の概念や論証の仕方を学ぶことは、別に TOK の専売特許ではない。TOK のプログラムを直接取り入れなくても、私たちは、対話型論証モデルを使いながら、これらの概念や論証のしかたを、各教科や総合学習での知識やスキルとともに教え、学んでいくことができる。「Ⅱ　実践編」でその具体的な形をみていこう。

第Ⅱ部

実践編

第4章

日本の教育に求められる対話型論証

1. グレタのスピーチ

2019年9月23日、ニューヨークで開催された国連気候行動サミットに、スウェーデンの16歳グレタ・トゥーンベリ（Greta E. Thunberg）が登壇した。グレタは2018年8月、学校を休んで気候変動への対応を大人たちに迫る「学校ストライキ」を始めた。スウェーデンの議会前でたった一人で始めた座り込みのストは若者を中心に大きなうねりとなり、2019年9月の世界一斉デモには185カ国で760万人以上が参加したとされる。「文化面での世代間シフトを象徴する人物」という理由で、米タイム誌の「今年の人」にも、史上最年少で選ばれた。

グレタのスピーチは、16歳の小柄な少女が、世界のリーダーたちの前で決然と、怒りに声を震わせながら、気候変動対策にすぐさま取り組むべきことを訴えた、その振る舞いによって、多くの人々の心を動かした。だが、ここではその内容の方に注目したい。グレタのスピーチは対話型論証の見事な一例である（Box4-1）[15]。

スピーチはいきなり「すべてが間違っています」で始まるが、背後にある〈問い〉は、「現在の温室効果ガスをどう削減し、地球温暖化を食い止めるか？」

---

15) 動画と原文はネット上のあちこちでみられる。たとえば以下を参照。(https://www.npr.org/2019/09/23/763452863/transcript-greta-thunbergs-speech-at-the-u-n-climate-action-summit)

Box 4-1　グレタ・トゥーンベリのスピーチ
（国連気候行動サミット、2019 年 9 月 23 日、松下訳）

　すべてが間違っています。本来なら私は海の向こう側で、学校にいるべきなのです。それなのに、あなたたちは私たちの元に来ている。若者に希望を見出そうとして。よくそんなことができますね。あなたたちは実体のない言葉で、私の夢を、私の子ども時代を奪ったのです。それでも、私は幸運な人間の一人です。人々は苦しんでいます。人々は死にかけています。生態系全体が崩壊しつつあります。私たちは、まさに大量絶滅の始まりにさしかかっているのです。なのに、あなたたちが語り合うのは、お金や、途絶えることのない経済成長のおとぎ話だけ。よくそんなことができますね。

　30 年以上前から、科学がもたらす答えはとても明確でした。見て見ぬふりをし続け、よくも「十分やっている」と言えますね。必要とされる政策や解決策のめどすら立っていないのに。

　あなたたちは言います。私たちの声は「聞こえている」、緊急性を理解していると。しかし、どんなに悲しくても、怒っていても、私はそれを信じたくはないのです。もしあなたたちが本当に事態を把握していながら行動に移さないのだとすれば、それは悪でしかないからです。だから、私は信じません。

　今後 10 年で（温室効果ガスの）放出を半分に減らす案がありますが、それでも気温が 1.5 度下がる可能性は 50% しかありません。人間の手の中にはおさまらないような、決して後戻りのできない連鎖反応が起こるリスクがあります。

　あなたたちにとって、50% という数字は受け入れられるものなのかもしれません。しかしこの数字には含まれていないことがあります。ティッピング・ポイント［＝気候変動が急激に進む転換点］や、フィードバック・ループ［＝変化が変化を呼び相乗効果を生む現象］、有害大気汚染に隠されたさらなる温暖化、気候正義や気候の公平性［＝化石燃料の大量消費によって気候変動を引き起こした先進国やこれまでの世代が、自らの責任として地球温暖化対策に取り組むことで、化石燃料をあまり使ってこなかった途上国や将来世代が気候変動によって受ける被害を食い止めることを求める考え方］の問題についてなどです。加えてこの数字は、私たちや私たちの子どもの世代が、何千億トンもの二酸化炭素を空気中から吸収してくれるだろうという予測に頼っています。その技術は存在すらしていません。こうなると、50% という数字は、私たちにとっては受け入れがたいものになります。その結果と生きていくのは、私たちなのですから。

　IPCC（気候変動に関する政府間パネル）が出した最高値を見ても、地球全体の気温上昇を 1.5 度以内に抑えられる可能性は 67% です。とすると、2018年 1 月 1 日に遡っても、世界が放出できる二酸化炭素量はあと 420 ギガトンで

す。今日ではその値があと 350 ギガトンまで減っています。それなのによく、この問題が解決できるかのようなふりができますね。変わりばえのしないやり方で、技術に頼って。今の放出レベルでは、８年半以内に二酸化炭素の許容放出量を超えてしまいます。

　この値にそった解決策や計画は、未だ提示されていません。なぜなら、この値はあなたたちにとって不都合すぎるからです。あなたたちは、未熟なために現状をありのままには伝えられないのです。

　あなたたちは、私たちを失望させています。しかし、若者たちはその裏切りに気づきつつあります。未来の世代の目はすべて、あなたたちに向けられているのです。それでもなお私たちを裏切る選択をするのであれば、言わせてください。「私たちは決してあなたたちを許しません」。今、ここで、線を引きます。世界は目を覚まし始めています。変化も訪れ始めています。たとえあなたたちが気に入ろうと、気に入るまいと。

である。彼女が批判の対象としている〈対立意見〉は、「今後 10 年で温室効果ガスの放出を半分に減らすことにより、50％の確率で、気温上昇を 1.5℃以内に抑える」という意見であり、一方、彼女自身の〈主張〉は「50％という数字は受け入れがたい（この確率の計算に含まれていない諸要因を考慮に入れれば、気温上昇が 1.5℃以内で抑えられる確率は 50％よりずっと小さいはずであり、もっと温室効果ガスの削減量を増やすべきだ）」ということである。彼女のスピーチの大半は、自分の主張を正当化し、対立意見に反駁するための科学的な〈事実・データ〉とそれを解釈するための〈論拠〉によって構成されている。そして、この主張と対立意見の根底には、若者世代と大人世代（とくに世界のリーダー層）、生存（生き続けられること）と経済成長という対立の構図がある。

　誰もがグレタのようにスピーチできるわけではない。しかし、彼女のスピーチを聞いて、内容を理解したり、（賛成であれ反対であれ）自分の意見をもったりすることは、高校生であればできるようになってほしいものである。対話型論証の構造が土台にあれば、それはかなり容易になるだろう。

　グレタの挙げているデータや理論に異論を唱える人もいるかもしれない。実際、現在の科学では、グレタのいうような連鎖反応が本当に起きるのか十分に理解されていないし、起きるとしても何℃でそれが始まるかはわかっていない。しかし、最悪の場合、それが気温上昇 1.5℃付近で始まってもおかしくはない

らしい。

　重要なことは、彼女が、自分の〈主張〉を組み立てる上でどんな〈事実・データ〉と〈論拠〉をどのように使っているかを示している点である。それによって、彼女の主張を批判する人は、彼女の論のどこが間違っているかを（もし間違っているとすればだが）、具体的に指摘することができるはずである。

　グレタと彼女の家族による『グレタ　たったひとりのストライキ』（エルンマン他, 2019）には、学校ストライキを始める前の父と娘の会話が描かれている。父スヴァンテはいう。「ただ大切なことは、君が現実を語ること、事実を証拠として挙げることだ。だから事実を集めなければならないし、常に自分の発言に気をつけることが大事だ」。それに対してグレタはこう答える。「でも、現行のシステムの中に解決策はないよ。私たちにできることは、危機を危機として扱いはじめることだけ」（p. 179）と。実際、グレタと両親は、ウプサラ大学の気候変動問題の第一人者たちに最新の科学的知見を聞きに行っている。科学も決して一枚岩ではないが、グレタの主張は、こうした科学者から直接得た知見や IPCC（気候変動に関する政府間パネル）の「1.5℃の温暖化についての特別報告書」[16]などに裏づけられている。

　ブレイディみかこの『ぼくはイエローでホワイトで、ちょっとブルー』（ブレイディ, 2019）の中に、グレタの学校ストライキが発端となって世界中に広がった、地球温暖化対策を求める学生デモの話題が出てくる。学校ランキング上位の「優秀」な学校は、学生デモの日はお昼前で授業を終わり、デモに参加できるようにするという措置がとられたのだが、著者の息子（「ぼく」）が通う地元ブライトンの「元底辺中学校」は、通常通り午後も授業を行うのでデモに参加できない。「ぼく」はちょっぴり残念に思うのだ。

　著者は、政治参加にまで学校ランキング、階層格差が影響を及ぼしているエピソードとしてこの学生デモのことを描いているのだが、私にはむしろ、学生デモのために学校（それも進学校）が時間割を変えて融通を利かせるということが驚きだった。地球温暖化問題に限らず、イギリスでは、こんなふうにして社会的な問題に向き合うシティズンシップ教育が行われているのだ、と。

---

16)　The Intergovernmental Panel on Climate Change（IPCC）.（2018）. *Special Report: Global Warming of 1.5 ℃.*（https://www.ipcc.ch/sr15/）

2.　PISA 調査問題から

(1) PISA リテラシー

　2019 年 12 月に OECD の PISA 調査（Programme for International Student Assessment：生徒の学習到達度調査）の結果が公表された。PISA は 15 歳を対象に、読解・数学・科学のリテラシーや学校・生徒の背景情報を調査するもので、2000 年から 3 年ごとに実施されている。最新の PISA 2018 は、読解リテラシーを中心分野として、世界の 79 の国・地域が参加して実施された。PISA に参加するのは、日本では高校 1 年生のわずか 0.5% 程度にすぎないが、この調査は日本の教育政策に大きな影響を与えてきた（松下, 2014, 2017d）。具体的には、「ゆとり教育から学力向上へ」の政策転換、「全国学力・学習状況調査」の導入、「エビデンスに基づく改善サイクル」の構築などである。2011 年 6 月に東京で開催された OECD/Japan セミナーでは、鈴木寛文部科学副大臣（当時）が、日本の政策担当者の代表として、「PISA 調査と日本の教育改革―エビデンスに基づく改善サイクルの構築―」と題する報告を行った。「資料に基づき考える」「科学的に根拠をもって思考する」「立場や根拠を明確にして議論する」といった今回の学習指導要領でポイントとされている事柄も、PISA 調査がきっかけとなって日本でも強調されるようになったものである。

　国際学力調査は PISA 以前にもあったのだが、PISA が大きな注目を集めるようになった要因の一つとして、その「リテラシー」の概念や調査問題の新しさを挙げることができる。リテラシー（literacy）というのは元々は読み書き能力のことだが、PISA では〈言語や知識を理解し、利用し、それにもとづいて判断することで、思慮深い市民として社会に参加する能力〉という意味で使われている。たとえば、PISA 2018 での読解リテラシー（読解力）の定義は次のようになっている。「自らの目標を達成し、自らの知識と可能性を発達させ、社会に参加するために、テキストを理解し、利用し、評価し、熟考し、これに取り組むこと」（国立教育政策研究所, 2019, p. 6）。このような PISA のリテラシー概念は、単なる知識・技能の習得を超えた新しい能力像を提示するものであった。

　また、従来、国際学力調査といえば、IEA（国際教育到達度評価学会）の

表 4-1　「温室効果」問題の正答率

	正答		誤答	無答・他
	完全正答	部分正答		
問 1	69.3 (53.9)		18.5 (32.5)	12.2 (13.7)
問 2	42.3 (22.4)	24.0 (24.1)	8.5 (27.6)	25.1 (25.9)

(単位：%)

(注)　各問の下段の（　）内は OECD 平均。
(出典)　国立教育政策研究所（2007, pp. 92, 94）より作成。

TIMSS のように、多肢選択問題が主であったのに対し、PISA では、記述式の問題が半数近くを占め、多面的な解釈・判断を要する問題や論争的な問題が数多く用いられている。それは、「全国学力・学習状況調査」の B 問題（「主に活用」の力を問う問題）だけでなく、「大学入学共通テスト」の記述式問題（2020 年度からの導入は見送りになったが）の作成においても参照された。

(2)「温室効果」問題（PISA 2006：科学的リテラシー）

　以下では、PISA 2006 の科学的リテラシーで使われた「温室効果」問題についてみてみよう（図 4-1）。この問題は、PISA の調査問題の典型例としてよく引き合いに出されるものであり、地球温暖化という、人類が地球規模で直面している問題を題材としている。2011 年のクライメートゲート事件[17]やトランプ大統領のパリ協定離脱でも露わになったように、地球温暖化の真実性や原因については依然として懐疑論を唱える者がいる。掘り下げれば、科学と政治が無関係ではないことに気づかされる問題である。

　この問題の正答（完全正答・部分正答）率、誤答率、無答率は表 4-1 のとおりであった。科学的リテラシーは日本が安定して好成績を収めている分野であり、正答率は OECD 平均よりかなり高いが、一方、無答率はほぼ平均に近い

17)　2009 年に、イギリスの研究組織からメールが流出し、地球温暖化データの捏造・操作についての疑惑が、主に地球温暖化懐疑派によって喧伝された。再分析によって科学的には問題がなかったことが証明されている。

温室効果

次の課題文を読んで、以下の問に答えてください。

温室効果－事実かフィクションか

生物は、生きるためにエネルギーを必要としている。地球上で生命を維持するためのエネルギーは、太陽から得ている。太陽が宇宙空間にエネルギーを放射するのは、太陽が非常に高温だからである。このエネルギーのごく一部が地球に達している。

空気のない世界では温度変化が大きいが、地球の大気は地表をおおう防護カバーの働きをして、こうした温度変化を防いでいる。

太陽から地球へくる放射エネルギーのほとんどが地球の大気を通過する。地球はこのエネルギーの一部を吸収し、一部を地表から放射している。この放射エネルギーの一部は大気に吸収される。

その結果、地上の平均気温は、大気がない場合より高くなる。地球の大気は温室と同じ効果がある。「温室効果」というのはそのためである。

温室効果は 20 世紀を通じていっそう強まったと言われている。

地球の平均気温は確かに上昇している。新聞や雑誌には、二酸化炭素排出量の増加が 20 世紀における温暖化の主因であるとする記事がよく載っている。

太郎さんが、地球の平均気温と二酸化炭素排出量との間にどのような関係があるのか興味をもち、図書館で次のような二つのグラフを見つけました。

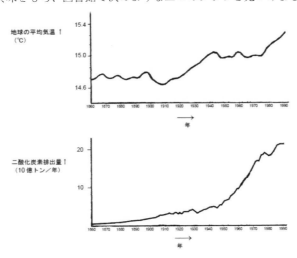

> 　太郎さんは、この二つのグラフから、地球の平均気温が上昇したのは二酸化炭素排出量が増加したためであるという結論を出しました。
>
> **温室効果に関する問1**
> 　太郎さんの結論は、グラフのどのようなことを根拠にしていますか。
>
> **温室効果に関する問2**
> 　花子さんという別の生徒は、太郎さんの結論に反対しています。花子さんは、二つのグラフを比べて、グラフの一部に太郎さんの結論に反する部分があると言っています。
> 　グラフの中で太郎さんの結論に反する部分を一つ示し、それについて説明してください。
>
> **温室効果に関する問3**　［略］

図4-1　「温室効果」問題（PISA2006・科学的リテラシー）

（出典）国立教育政策研究所（2007, pp. 88-92）より抜粋。

ことがわかる。

　さて、この問題の問2では、地球の平均気温の変化と二酸化炭素排出量の変化を示すグラフから「二酸化炭素排出量の増加が地球の平均気温の上昇を招いた」と結論づけた太郎に対して、花子が反論するというシナリオになっている。同じグラフを使っても、どこに着目するかによって〈事実・データ〉としては異なってくること、そこから太郎の〈主張〉と相反する〈対立意見〉が引き出されることを、このシナリオは物語っている。

　厳密にいえば、平均気温と二酸化炭素排出量の変化の仕方が類似しているという単なる「相関関係」から、地球の平均気温が上昇したのは二酸化炭素排出量が増加したためであるという「因果関係」を導き出しているという欠陥が太郎の推論にはあるのだが、採点コードをみる限りそこまでは求められていない。期待されている正答は、2つのグラフから太郎の結論に反する部分（ある期間のグラフの形の違い）を見つけること、つまり平均気温と二酸化炭素排出量の相関関係の不完全さを指摘することである。

　対立する2つの意見を含む現実の問題について、事実・データをもとに推論

し、論述することを要求するこの調査問題は、最も PISA らしい問題の一つといえる。そして、そこには対話型論証の構造を見てとることができる。とはいえ、生徒への実際の設問はデータ解釈のスキルに単純化されており、グレタのスピーチを理解するために必要とされるような事実的知識や概念的知識（たとえば、ティッピング・ポイントやフィードバック・ループなど）が求められることはない。このように内容知識を求めないことがまた、「グローバルな機能的リテラシー」（松下, 2014）を求める PISA らしい点でもある。

(3) 「ラパヌイ島」問題（PISA 2018：読解リテラシー）

　PISA の調査問題をもう一つ挙げよう。PISA 2018 の読解リテラシー（読解力）の唯一の公開問題であった「ラパヌイ島」問題である。ラパヌイ島というのは、モアイ像で有名なイースター島のことだ（「ラパヌイ」は現地語）。

　問題は、ラパヌイ島でフィールドワークをしてきた大学教授のブログを読むというところから始まる。世界史の授業で、地元図書館で行われるその教授の講演を聴きに行くことになったので、そのための下調べをするという設定である。

　「ラパヌイ」島問題は全部で 7 問からなる。以下、簡単にその流れを紹介しよう。モアイ像を運ぶために使われたと考えられる植物や大木は、現在では見当たらない。島にあるのは草原と低木のみだ。ラパヌイ島の森はなぜ消滅したのか。

　その原因について、進化生物学者ジャレド・ダイアモンドは、著書『文明崩壊』の中で、耕作などのための開墾と生物の乱獲、その結果減少した天然資源をめぐる内戦が、ラパヌイ族の社会の崩壊につながったと推測した。一方、別の2人の科学者カール・リポとテリー・ハントは、ヤシの実をネズミがかじった跡を見つけたことから、繁殖力の強いナンヨウネズミが木の種を食べつくしたために、新しい木が育たなかったという説を出した。

　「ラパヌイ島」問題では、教授のブログ、『文明崩壊』の書評、リポとハントの説を紹介したサイエンスニュースという3つの資料から、この2つの説の対比構造（提唱者、原因、結果）を読み解くこと（問6）、さらに、自分の主張を説明すること（問7）が求められる。

ラパヌイ島　問6

　右のタブをクリックすると、それぞれの資料を読むことができます。

　二つの説に関して、それぞれの原因とそれらに共通する結果を正しい位置にドラッグ＆ドロップして、下の表を完成させてください。

二つの説

原因	結果	提唱者
		ジャレド・ダイアモンド
		カール・リポとテリー・ハント

［選択肢は省略］

ラパヌイ島　問7

　右のタブをクリックすると、それぞれの資料を読むことができます。下の問いの答えを入力してください。

　三つの資料を読んで、あなたはラパヌイ島の大木が消滅した原因は何だと思いますか。資料から根拠となる情報を挙げて、あなたの答えを説明してください。

図4-2　「ラパヌイ島」問題（PISA 2018・読解リテラシー）の一部

（出典）国立教育政策研究所（2019, pp. 115-116）より抜粋。

　PISA 調査は、PISA 2015 からコンピュータ使用型に変更されていて、問 6
ではドラッグ＆ドロップ、問 7 ではキーボード入力が求められる。問 6 の正答
率は 20.2%（OECD 平均 18.2%）、問 7 の正答率は 48.6%（OECD 平均 48.4
%）であり、ほぼ OECD 平均と同じであった。

　コンピュータの操作に不慣れであったことが正答率の低さを招いた可能性も
ないとはいえないが、それにしても、2 つの説の対比構造を読み解くことに生
徒たちが苦労していることがわかる。

　新しくわかった〈事実〉をもとに、同一の「結果」に対して異なる「原因」
を推測し、新説を唱えるということは、科学の基本的な活動の一つである。こ
こでは、ラパヌイ島の森が消滅したという既知の〈事実〉、およびネズミのか
じった跡が見つかったという新たな〈事実〉と、ナンヨウネズミの繁殖力は極
めて大きく森を消滅させてもおかしくないという〈論拠〉から、森の消滅の原
因はナンヨウネズミによる食害であろうという〈主張〉が導かれている。〈対
立意見〉はダイアモンドによる、森の消滅の原因は開墾であるという説である。
もっとも、リポとハントの説は、ダイアモンドの説を否定しているのではなく、
別の主な原因を付け加えたという形になっているので、〈反駁〉は行われてい
ない。

　「温室効果」問題のように太郎と花子の架空の会話ではなく、ここでは現実
の科学の活動が調査問題になっており、大変興味深い。

（4）PISA リテラシーと対話型論証

　以上で取り上げたのは、「温室効果」問題が PISA 2006 の科学的リテラシー
の問題、「ラパヌイ島」問題が PISA 2018 の読解リテラシーの問題であり、前
者の素材は生徒どうしの架空の会話、後者の素材は科学者の現実の研究活動、
また、前者は紙ベース、後者はコンピュータ使用といった違いはあるが、その
構造はとても類似している。そう、どちらも対話型論証の構造を持っているの
である。

　これは、数ある PISA 調査問題から、対話型論証の構造を持つ問題だけを選
りすぐったためではない。PISA らしい問題としてよく取り上げられる問題を
選んだら結果的にそうなったのだ（そもそも、PISA 2018 の問題は「ラパヌイ

島」問題しか公表されていない)。他に、たとえば「落書き」問題（PISA 2000）や「在宅勤務」問題（PISA 2009）なども同様の構造をもっている[18]。

　PISA 2018 の結果公表に際して、PISA 調査を統括してきたアンドレアス・シュライヒャー OECD 教育・スキル局長は、「教科書は信頼できる内容で、百科事典は正しいのが前提。一方、デジタルの情報はうそか本当かわからず、生徒は、その情報の海を泳ぎ切らなければいけない」とコメントしている（『朝日新聞』2019 年 12 月 23 日付)。対話型論証の力は、この「うそもある情報の海を泳ぐ力」になりうると私は考えている。

　とはいえ、PISA リテラシーは、「グローバルな機能的リテラシー」であって、それぞれの国や地域で教え学ばれている、各教科固有の知識（事実的知識、概念的知識）やスキルは射程に入っていない（松下, 2014)。第 5 章では、いくつかの教科の授業を取り上げて、対話型論証が、知識やスキルの深い学びにどうつながるかもあわせてみていくことにしよう。

---

18)　PISA の代表的な問題については、国立教育政策研究所「OECD 生徒の学習到達度調査— PISA 調 査 問 題 例 —」参 照。(https://www.mext.go.jp/component/a_menu/education/detail/__icsFiles/afieldfile/2010/12/07/1284443_02.pdf)

第 5 章

中学・高校での試み

1. 高槻中高での学校ぐるみの取り組み

(1) 高槻中高での取り組み

　第 5 章・第 6 章では、日本の学校（大学を含む）での対話型論証の取り組みについてみていこう。

　まずは、学校ぐるみでの取り組みを行っている大阪府の私立高槻中学校・高等学校の実践を紹介する。高槻中高は、高槻市にある 6 年完全一貫制の中高一貫校である。1 学年は 270 名、6 クラスからなる。2016 年度までは男子校だったが、2017 年度から男女共学制となった。

　高槻中高では、中学 2 年までは 6 クラス全員が GL コースだが、中学 3 年で、GA コース（1 クラス）、GS コース（2 クラス）、GL コース（3 クラス）の 3 コースに分かれる[19]。GA コースは SGH（スーパーグローバルハイスクール、2016 ～ 2020 年度）に指定されていて、グローバルヘルスをテーマにパラオでの海外フィールドワークなども含む探究活動を行っている。GS コースは SSH（スーパーサイエンスハイスクール、2014 ～ 2018 年度、2019 ～ 2023 年度）に指定されていて、データサイエンスの素養を持つ生命科学系リーダーの育成を目標に掲げた科学的な探究活動を行っている。一方、GL コースでは、SGH や

19）　3 コースの詳細は、高槻中高のウェブサイト（https://www.takatsuki.ed.jp/）を参照していただきたい。なお、GA は Global Advanced、GS は Global Science、GL は Global Leader の略である。

SSH といった縛りがない分、試行錯誤しながら、探究活動を創り出してきた。2019 年度からは、広島県の離島を訪れ、他校の高校生たちとともに地方創生を学ぶ「協同探究プロジェクト」、2020 年度からは、入学を希望する小学生に未来の高槻生の体験をしてもらう「オープンキャンパスプロジェクト」などにも取り組んでいる。

　私が高槻中高に関わるようになったのは 2015 年からである。ちょうど 2015 年 1 月に『ディープ・アクティブラーニング』（松下他, 2015）を刊行したのがきっかけとなり、声をかけていただいた。当時は、2014 年 11 月に新しい学習指導要領への諮問がなされ、翌 12 月には高大接続についての中央教育審議会答申が公表されて（詳しくは、第 6 章第 1 節を参照）、アクティブラーニング・ブームが始まりかけた頃だった。高槻中高でも、前田秀樹教頭をリーダーとして、各教科から選ばれた教員によって AL 推進チームが編成され、私はそのアドバイザーを務めることになった。以降、高槻中高のアクティブラーニング（AL）は、AL 推進チーム研修と全体研修を繰り返すことによって進んできた。

　この 5 年の間に、新しい学習指導要領が告示され、「アクティブラーニング」も今では「主体的・対話的で深い学び」といいかえられている。片や高大接続改革の方は混迷の様相を見せているが、私たちは大学入試のその先を見据え、生徒が大学・大学院や社会で学び続け成長していけることをめざして取り組みを進めてきた。

　高槻中高のアクティブラーニング改革がめざしているのは、正確にいえば、単なる「アクティブラーニング」ではない。私たちは当初から、「知と能力を育むディープ・アクティブラーニング」を研究課題として掲げてきた。「ディープ・アクティブラーニング」というのは、学習の方法や形態に焦点をあてる「アクティブラーニング」と学習の内容や質に焦点をあてる「ディープ・ラーニング」とをかけあわせた考え方だ。現在の「主体的・対話的で深い学び」を先取りするものだったといっても許されるだろう。

　高槻中高は大阪でも有数の進学校である。しかも、SSH と SGH の両方の指定を受けていることにも表れているように、進取の気性に富んだ進学校である。こうした学校にはそれならではの改革の難しさがある。高槻の場合は、進学実

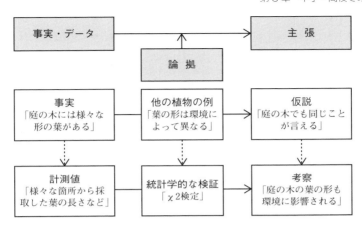

図 5-1　中 1 理科「自由研究」での生徒の三角ロジック

績を求める生徒や保護者の声に応えながら、一方で、大学・大学院や社会で学び続け成長していける力をどうつけるかが課題であった。学習の内容や質にも焦点をあてるディープ・アクティブラーニングを掲げたのにはそういう背景があった。最初は、授業を公開し、6 年間の「長期的ルーブリック」を作成・共有して、教科や中・高の枠を越えた授業づくりの議論を行うことから着手し、2018 年度から対話型論証の活動を本格的にスタートさせた。

　最初私が提案したのは、対話型論証モデルの原型（図 1-1 ＝図 3-3）と国語教科書の三角ロジック（図 2-4）だけだった。それが、前田教頭をリーダーに各教科や道徳、総合的な探究の時間などで実施されるなかで、それぞれの先生方の独創が加えられ、各教科等の特質も反映しながら、いくつものバリエーションを生み出していった（第 3 章第 2 節参照）。

　たとえば、山下真人先生は、中 1 理科の夏休みの自由研究の指導で三角ロジックを使った。各自で自由研究を行い、外部で口頭発表をする段階になったところで、生徒たちは、自分の説明は論理的なのか、内容に不備はないか、そもそも論理的な説明って何だろう、と不安に思うようになった。そこで、山下先生は、生徒たちが国語で学んでいた三角ロジックを使って、論理的になるよう説明を組み立て直すことを提案した。「葉の形が環境から受ける影響」をテー

マにしたある生徒は、まず経験的事実から仮説に至った筋道と、その上で計測を行い、計測値から統計学的な検証をふまえて考察に至った筋道を、三角ロジックを使って整理することで、うまく論理的に説明することができた（図5-1）。

　三角ロジックやトゥールミン・モデルによって深い学びを実現しようという取り組み自体はさほど珍しいものではない。ただ、これまでは主に各教科や各学校段階の枠内で議論されてきた（第2章第2節参照）。高槻中高のように、教科や中・高の境界を越えて取り組んでいるところはほとんどないのではないかと思う。

　以下では、中1国語、中3理科、高1総合の授業をのぞいてみよう。

（2）中学1年国語「小さな手袋」

　最初に紹介するのは、石堂有紀先生の中学1年国語の教材「小さな手袋」の授業である（2019年2月実施）。単元計画は全11時間で、本時はその最終盤、第10時である。

　「小さな手袋」は内海隆一郎の美しい作品だ。物語は、小学3年生のシホを主人公に、父親である「わたし」が語り手となって語られていく。シホは、家の近くの雑木林の中で小さなおばあさんと出会い、交流を深める。おばあさんは雑木林に隣接する病院に入院している患者だった。しかし1ヶ月ほどたった頃、遠くに住む祖父の死を境に、シホは雑木林に通わなくなってしまう。それから2年半後、風邪をひいて出かけたその病院で、おばあさんの消息を尋ねたシホは、おばあさんが不自由な手で編んだ手袋を渡そうとして、シホを必死で探していたことを知る。おばあさんが今では周りの人のこともわからなくなってしまっていることを知ったシホは、病院の帰りに父親である「わたし」に雑木林へ立ち寄ってくれるよう頼む。

　石堂先生は、教材を読み味わうだけでなく、教材を通じて「小説の基本」を生徒たちが我がものにすることも意識して授業づくりを行ってきた。1学期は、「空中ブランコ乗りのキキ」（別役実）を通じて、まず、以下のような「小説の基本」を知る。

　　①一見あってもなくてもよさそうな表現を注視して、文章に奥行きのある
　　　立体的な解釈を付与することができる
　　②契機→心情→行動の流れを押さえる
　　③風景描写・情景描写に注目する
　2学期には、「少年の日の思い出」（ヘルマン・ヘッセ）と「トロッコ」（芥
川龍之介）を通じて、「小説の基本」の定着をめざすとともに、
　　④小説における二項対立に注目する
　　⑤物語構造における各要素の必然性を読み解く
を学ぶ。3学期のこの「小さな手袋」（内海隆一郎）では、さらに、
　　⑥自ら問いを立てる流れをつかむ
　　⑦物語を構成する各要素の効果について、比較・対比を用いて考察する
が目標とされていた。

　「自ら問いを立てる」ことを身につけるために、石堂先生は、ダン・ロスス
タインら（ロススタイン＆サンタナ, 2015）の「質問づくり」の手法を取り入
れていた。ロススタインらは、多様な質問をつくり出し、それらを効果的に使
いこなすというスキルが、エリート校に通っている少数の生徒にしか教えられ
ていないという現状に対し、すべての生徒が「自分で質問がつくれるようにな
る方法を学ぶ」こと、すべての教師が「生徒の質問づくりを授業の一環として
教えられるようにする」ことをめざして、「質問づくり」の方法を編み出した。
　石堂先生は、この「質問づくり」の方法を少しアレンジして、図5-2のよう
な「問い立てシート」を作った。目標は、「読解のための本質的な問いを、自
ら立てる」だ。生徒はまず一人で、できるだけたくさんの問いを立て、次にグ
ループで問いを出しあう。ここでのルールは、〈・できるだけたくさん出
す　・質問について、話し合ったり評価したり答えたりしない　・発言のとお
りに質問を書き出す　・肯定文は疑問文に転換する〉である。「閉じた質問」
（「はい／いいえ」や簡単な言葉で答えられるもの）は「開いた質問」（「はい／
いいえ」や簡単な言葉では答えられず、説明が必要なもの）にいいかえるよう
にする。こうしてたくさん出た問いを、〈・同じことを聞いているものは一つ
に　・具体←→抽象関係にあるものはまとめる〉という方針で整理していく。
　もう一つの「比較・対比を用いて考察する」ために使われたのが、「論展開

```
┌─────────────────────────────────────────────────────────┐
│ 目標:読解のための本質的な問いを、自ら立てる  場面 [      :      ] │
│  1．まず自分で、できるだけたくさんの問いを出す                    │
│  ┌──────────────────────────────┐                        │
│  │                              │                        │
│  └──────────────────────────────┘                        │
│  2．グループで問いを出し合う                                   │
│  ┌──────────────┐ ┌──────────────────────────┐          │
│  │              │ │①できるだけたくさん出す         │          │
│  │              │ │②質問について、話し合ったり評価し │          │
│  │              │ │たり答えたりしない             │          │
│  │              │ │③発言のとおりに質問を書き出す    │          │
│  │              │ │④肯定文は疑問文に転換する       │          │
│  │              │ ├──────────────────────────┤          │
│  │              │ │△:閉じた質問                 │          │
│  │              │ │○:開いた質問  △は○してみる    │          │
│  │              │ ├──────────────────────────┤          │
│  │              │ │問をまとめる                  │          │
│  3．全体で        │ │①同じことを聞いているものは一つに  │          │
│  │              │ │②具体←→抽象関係にあるものはまと │          │
│  │              │ │める                         │          │
│  └──────────────┘ └──────────────────────────┘          │
└─────────────────────────────────────────────────────────┘
```

図5-2　問い立てシート

記入シート」だ（図5-3）。これは三角ロジックを左右対称に２つ並べたような形をしている。「三角ロジック（ver. 2）」に近い形だ（第３章第２節参照）。

　左側はオリジナルのテキスト（元々の教材からの抜粋）であり、右側は生徒が創作した対比的なテキストである。先生は、①「テキスト（根拠・事実）」と②「論拠（理由づけ）」と③「主張」に、「①というテキストは」「②なので」「③と言える」と赤字で書き込んだ。

　生徒たちは、前時（第９時）に、第７場面（下）についての個人ワークで「問い立てシート」に自分の問いを記入していた。本時（第10時）には、４人グループになって、各自のアイデアを出しながら、「論展開記入シート」の上に書き込んでいった（10分）。実際に書き込むのは、A3のプリントをラミネートして、裏にマグネットテープを貼り、２枚（論展開シートの左側と右側）を綴じひもでつないで蝶番のように開くようにした先生お手製のボードだ。班ごとの書き込みが終わったところで、全体共有に移る。このボードのままでは教室後方からは字が小さく見づらいので、先生がiPadで撮影し、前のホワイ

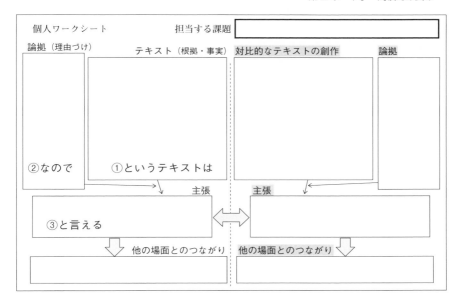

図 5-3　論展開記入シート

トボードに拡大・投影する。各班から簡単な説明を受けた後、他の班の生徒からの質問や教師からの発問を全体へ投げかけ、「主張」をクラス全体でまとめていく（30分）。

　「なぜプレゼントは『小さな手袋』なのか」というこの作品のテーマに迫る問いがいくつかの班から出てきた。もし、手袋ではなくて、人形だったら、軍手だったら、セーターだったら…複数の班からいろいろな「対比的なテキスト」が出される。石堂先生は、ある班から出た「小さなマフラー」を取り上げて、「もしプレゼントが『小さなマフラー』だったら、この作品はどう変わっただろう」と発問を投げかけた。「マフラーは小さくても使えるけれど、手袋は小さかったらもう使えない」という意見が出たとき、「そうそう」「それ」という共感の声が次々に出てきた。「目の前にあるのに、使えない」「2年半前なら使えた、おばあさんの愛情を受け取れたのに、今はもう受け取れない」という意見もつけ加わる。「そうすると、この小説の題名はどういうことになる？」と先生はあらためて問いかける。「ああっ」「うわぁ」「いやあ」…教室のあち

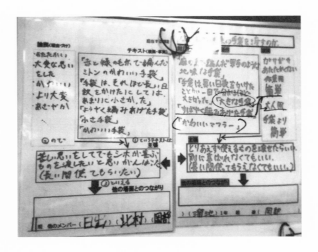

こちらから、生徒の声が聞こえてくる。なぜ「小さな手袋」でなければならない
のか、生徒一人ひとりの気づきが漏れ出た声だった。それは教室の中にさざ波
のように広がっていった。

　比較・対比の表現をテキストから抽出できることもある。一方、この授業で
は、比較・対比のテキストを生徒自身が創作することで、物語を構成する各要
素の効果について考察するという、その思考フレームを習得するよう働きかけ
が行われていた。対立構造をもつ三角ロジック（「三角ロジック（ver. 2）」）と
いえば、ディベートが思い浮かべられがちだが、こんなふうに生徒の想像力を
働かせながら文学作品の読みを深める授業も生み出すのである。

(3) 中学 3 年理科「DNA の半保存的複製」

①授業の意図

　次に紹介するのは、奥野直人先生の中学 3 年理科（生物）の単元「遺伝情報の分配」の授業である（2020 年 2 月実施）[20]。全 4 時間の単元計画で本時はその第 2 時「DNA 複製を解明した歴史的な実験を追体験する」である。この授業で扱われている「メセルソンとスタールの実験」は、DNA の半保存的複製を証明した歴史的実験として知られており、「生物学の最も美しい実験の一つ」とも評されているらしい。DNA の半保存的複製という仮説そのものは、ワトソンとクリックによってすでに提案されていた。この仮説を実験によって検証したのが、メセルソンとスタールである。

　奥野先生は、この「メセルソンとスタールの実験」の追体験を通じて、〈仮説を立てて、実験を行い、仮説を検証して結論を導く〉という探究活動の一連の流れを実感させたいと考えた。一般に、理科における探究の過程は、次の 1 〜 8 のステップからなるとされる（中村, 2018, p. 197）。

　　1. 問題発見　2. 課題設定　3. 仮説設定　4. 検証計画の立案　5. 結果の予測　6. 観察・実験の実施　7. 結果の整理・処理　8. 考察・推論

　1 〜 3 は「発見の文脈」、4 〜 8 は「正当化の文脈」と、大きく 2 つにまとめることもできる。

---

20)　この授業の教材は、東京大学 CoREF の教材「DNA 複製のしくみについて」（https://coref. u-tokyo.ac.jp/newcoref/wp-content/uploads/2013/03/　S306DNAfukusei_kyozai.pdf）を参考にしている。

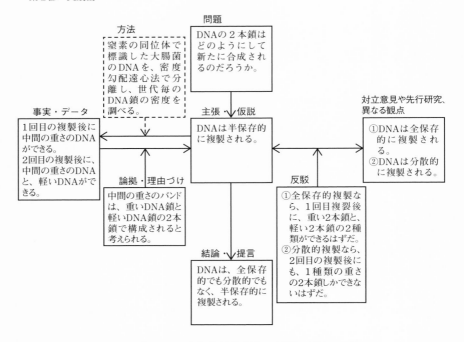

図 5-4　「DNA の半保存的複製」の授業の論証モデル

　このような探究過程を追体験させようとして作られたのが、この授業である。授業の対話型論証モデルは、図5-4のようになっている。ここでは、「論証モデル（ver. 1）」が使われている（第3章第2節参照）。

　この授業の論証モデルには理科ならでの特徴がある。〈主張・仮説〉から〈事実・データ〉に向かう〈方法〉だ。自然科学の論文は、たいていの場合、IMRAD（Introduction（導入）－ Methods（方法）－ Results（結果）－ And － Discussion（考察））形式で書かれる。〈方法〉はこの中のM、先ほどの探究過程でいえば、ステップ4〜6（「4. 検証計画の立案」「5. 結果の予測」「6. 観察・実験の実施」）にあたる。ちなみに、1と2は〈問題〉、3は〈（主張・）仮説〉、7は〈事実・データ〉、8は〈主張（・仮説）〉に対応している。実験で検証されることによって、〈仮説〉は、より確からしさ（蓋然性、確信度）の高い〈主張〉になる。一方、〈対立意見や先行研究、異なる観点〉には対立仮説が書

かれ、〈反駁〉には、実験結果をふまえた、対立仮説に対する反論が書かれている。たとえば①全保存的複製という対立仮説に対する反駁は、「全保存的複製なら、１回目複製後に、重い２本鎖と軽い２本鎖の２種類ができるはずだ」と書かれている。実験では、１回目複製後にそのような２種類はできなかったので、全保存的複製ではない、ということになる。最後に、〈結論・提言〉は、「DNA は、全保存的でも分散的でもなく、半保存的に複製される」となる。

②授業の展開

　実際の授業はどんなふうに展開していったのだろうか。生徒はすでに、DNA が半保存的に複製されることを知識としては知っている。だが、それがどのような実験を通じて検証されたのかは知らない。そこでまず与えられたのは、「DNA 複製のしくみについて、半保存的複製以外の仮説を立てる」という課題である。それぞれの生徒が個人で考え、「ロイロノート」を使って提出する。全保存的複製と分散的複製という２つの対立仮説が出てきた。

　その後、メセルソンとスタールの実験の〈方法〉について、先生の説明を聞く。メセルソンとスタールのとった方法は、^{15}N の培地で培養された大腸菌を、^{14}N の培地に入れ、２回細胞分裂を生じさせた後、それぞれの段階の試験管を密度勾配遠心法にかけるというものだった（図5-5a）。「密度勾配遠心法」というのは、遠心分離器にかけて、密度勾配（液体の密度が均一ではなく、液体上層から下層にかけて、密度差が連続的に形成された状態）を作る方法である。

　ここまで来たところで、先生から本日の主発問「３種類の方法で複製された場合について、それぞれ密度勾配遠心法を行うとどのような結果になるだろうか」が出される。なぜ、メセルソンとスタールの実験結果から半保存的複製が正しいといえるのか、全保存的複製、分散的複製だったらどうなるのかを考えようというわけだ。図5-5b・c は、授業中に配布されたワークシートである。

　「まなボード」には、図5-5c の図がはさんであって、透明のラミネートシートの上から描いたり消したりができるようになっている。生徒は４人グループで、半保存的複製、全保存的複製、分散的複製のそれぞれの方法で複製された場合に結果がどうなるかを予想して、まなボード上に描いていく。それをiPad で撮影してロイロノートで提出する。

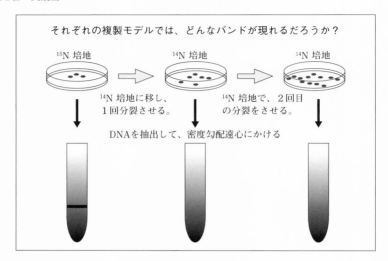

図 5-5a　実験手続き

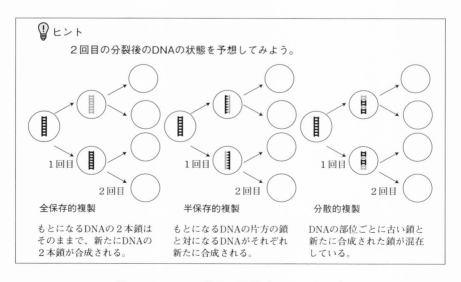

図 5-5b　DNA の状態の予想（ワークシート）

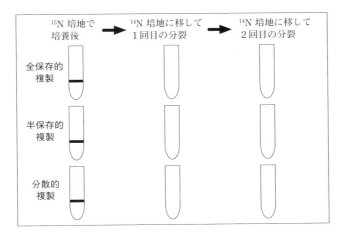

図 5-5c　実験結果の予想（ワークシート）

　先生に指名されたグループから一人が前に出てきて、図5-5cに描いた自分たちの予想の画面を見せながら、自分たちの考えを説明する。分散的複製の結果の描き方には少しバラツキがあるが、半保存的複製と全保存的複製についてはどのグループも同じだ。先生は「メセルソンとスタールの実験の結果から、3種類のうち、どの複製方法が正しいといえるだろうか」を問い、半保存的複製という仮説が正しかったことを確認する。

　このように、「追体験」といっても、生徒たちは大腸菌を培養したり、試験管を遠心分離器にかけたりはしていない。この授業で生徒が追体験したのは、実験そのものではなく、実験のロジックをたどることだった。上の探究過程で

95

いえば、とくに「3. 仮説設定」「5. 結果の予測」「8. 考察・推論」である。手続きにしたがって実験をやることよりも、仮説と対立仮説を考え、実験結果から何がいえるかを考えることだった。

　高校生に「実験は何のためにやるのか」と尋ねたら、「教科書に書いてあることを確認するため」という答えが返ってきてがっかりした、という話を、京大のある先生から聞いたことがある。この授業は、何のために実験をやるのか、実験から何がわかるかを考え、実験計画の見事さを感じとることのできる授業である。

（4）高校 1 年総合学習「日米の大学入試改革と教育格差問題」

　奥野先生の授業では対話型論証モデルが授業デザインのために使われていた。だが、高槻中高では、対話型論証モデルを生徒自身が使う授業や学習活動も行われている。その一つが、GL コース高校 1 年の総合学習（総合的な探究の時間）である。この授業は、前田秀樹教頭を中心に、加納敏先生、平沢真人教頭、TA の田中孝平さん（京都大学大学院教育学研究科院生）のティームティーチングで行われている。

　前にふれたように、高槻中高では、中学 3 年で、生徒は GA コース（1 クラス）、GS コース（2 クラス）、GL コース（3 クラス）の 3 コースに分かれる。GA コースは SGH、GS コースは SSH に指定されていて、生徒たちは海外フィールドワークや大学の自然科学系の研究室との連携を組み込んだ先端的な探究活動に取り組んでいる。

　一方、GL コースでは、自分の将来を見通しながら、より現実世界の課題に即した探究活動を行っている。高校 1 年では、1 学期に探究のための方法を学び、2 学期に現実世界の課題に即して探究のモデルを習得し、3 学期は実際に自分で問題を設定して探究活動に取り組む。生徒自身が対話型論証モデルを学ぶのは 2 学期だ[21]。以下に紹介する 2019 年 9 〜 10 月（計 2 回）の授業では、「日米の大学入試改革と教育格差問題」が取り上げられた。

21）　このカリキュラムは 2019 年度のものである。2020 年度は、1 学期から対話型論証を学んでいる。

①第 1 回（2019 年 9 月 26 日）

第 1 回の授業では、アメリカの大学入学共通テストにあたる SAT で計画されていた「逆境点（adversity score）」を素材に格差問題や公平性の概念について考えた。逆境点というのは、犯罪や貧困などの逆境を跳ね返したことを点数化しようとするもので、学校環境と居住地域環境の 2 つについて、1 〜 100 点でスコア化し、その平均点を生徒の SAT の得点（1600 点満点）に加点しようというものである（逆境の程度が深刻であるほど、逆境点は高くなる）。逆境点の計画は発表されるやいなや大きな論争を巻き起こし、SAT を運営するカレッジボードは、2019 年 8 月下旬に逆境点の計画を撤回することを発表した [22]。もっとも、学校と居住地域のスコアをそれだけ単独で大学のみに提供するのではなく、他の社会経済的な背景情報とともに大学に提供し、提供された情報の内容を生徒や保護者にも知らせるという方式に変更されたのであり、何らかの形で社会経済的に不利な生徒について配慮するというアイデアそのものがなくなったわけではない。以下、第 1 回授業の流れを追ってみよう。

問題が提示される

第 1 回の授業の目標は、「一つの課題について、多角的に思考し、自分の意見を構成する」であった。〈萩生田文部科学大臣が記者会見で、「来年度から、大学入試共通テストにおいて、受験生の住む地域、家庭の事情に応じて点数を加点します」と発表した〉という創作の "ニュース" のスライドから授業が始まった。生徒から、「は？　なんでやねん！」「ふざけるなよ」といった声が飛び交う。前田先生はすぐに「これはフェイクニュースです」と知らせ、でも、実際に起こりうることかもしれないと話して、以下の問題を提示した。

> **問題**　大学入試において、住む地域や家庭の事情に応じて点数を加点することに賛成か、反対か。その理由とあわせて回答せよ。

---

22) ニューヨークタイムズの記事（2019 年 8 月 27 日付）（https://www.nytimes.com/2019/08/27/us/sat-adversity-score-college-board.html）、およびカレッジボードの報道発表（2019 年 8 月 27 日 付）（https://www.collegeboard.org/releases/2019/college-board-announces-improved-admissions-resource）による。

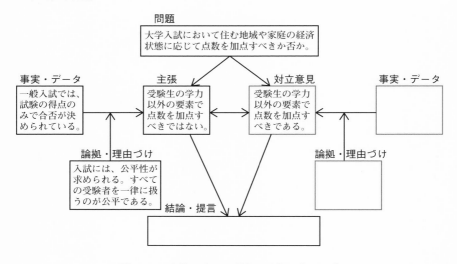

図 5-6a　生徒の書いた論証モデル（1 回目）

論証モデルに記入する（1 回目）

　生徒たちは、「論証モデル（ver.2）」（第 3 章第 2 節参照）を使って、この問題についての自分の意見を書く。生徒の意見の大半が「反対」（＝加点すべきではない）であることとその理由を確認した上で、教師がこの主張に関する論証モデル（事実・データと論拠）を提示する（図 5-6a）。この時点では、対立意見のロジックはまだ構成できていない。

逆境点について知る

　ここで教師側から、アメリカの SAT では「逆境点」という形で点数を加点することが計画されていることを、NHK「世界へ発信！　ニュースで英語術」（2019 年 8 月 5 日放送[23]）の内容を紹介しながら伝える。この放送は、2019 年 5 月 17 日の ABC ニュースを英語学習教材として使ったものであり、そこでは「逆境点」を、「受験生が住んでいる地域の犯罪率や貧困水準、それに親の所得といった要素を計算に入れて、1 から 100 の数字を算出するもの」で、

---

[23]　https://www.nhk.or.jp/snsenglish/news/n190805.html 参照。なお、元の放送では "adversity score" を「逆境点数」と訳していたが、「逆境点」に直した。

教育関係者の中には、（入試における）競争の条件を等しくする助けになると
話す人もいる、と説明していた。実は、先ほどふれたように、8月下旬にはす
でにカレッジボードが逆境点の計画撤回を発表していたのだが、この授業の時
点ではそのことを知らずに、計画中のものとして逆境点が紹介された。ただし、
そのことが授業全体に支障をきたすことはなかったと考えている。

論証モデルに記入する（2回目）

　逆境点のことを知った上で、生徒たちは、この情報を、〈対立意見〉（＝受験
生の学力以外の要素で点数を加点すべきである）の〈事実・データ〉と〈論
拠・理由づけ〉に記入する。

動画と新聞記事から、格差と公平性について考える

　この後、生徒たちは「The $100 Race」[24]という動画を、英語字幕つき、英
語科教員の通訳つきで視聴する。これはアメリカのある場所で行われたプログ
ラムだ。芝生のフィールドに40名ほどの若者たちが立っている。コーチはこ
う口火を切る。「今から100ドルレースを行う。だが、走り出す前にいくつか
質問をする。それにあてはまる人は、2歩前に出なさい」。「親が今でも結婚し
ている場合は、2歩前に出なさい」。あてはまる学生は2歩前に出る。「父親の
ような人がいる家庭で育った場合は…」「私立の教育を受けていた場合は…」
「家庭教師がついていた場合は…」「携帯電話を止められないか心配したことが
ない場合は…」とコーチは質問を続ける。質問のたびに、スタートラインに残
っている学生と前に進み続ける学生との間の距離が開いていく。

　8つの質問が終わった後、コーチは前方にいる学生たちに言う。「後ろを振
り返って見てほしい。私が言ったことはどれも、君たちがやったこととは何の
関係もない。…君たちはおそらく人生というこのレースで勝つだろうが、それ
は単に、君たちがこれだけ大きなヘッドスタート（優先スタート）を切らせて
もらっているからなんだ」と。

　では、日本はどうなのか。前田先生は、ここで日本経済新聞（2019年9月

---

24)　https://www.youtube.com/watch?v = 4K5fbQ1-zps 参照。

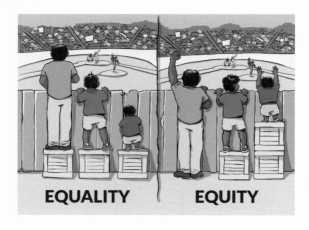

11 日付）[25]の「英語民間試験、高校 7 割『延期すべき』文科省に要望書」という記事を見せ、日本でも全国高等学校長協会が、英語民間試験の導入には「経済格差」「公平性・公正性」「地域格差」といった課題があることを理由に、こうした課題が解決されるまで英語民間試験の実施を延期すべきだ、という要望書を提出したことを知らせる。

　さらに、「公平性・公正性」について考えるために、前田先生は、平等（equality）と公平・公正（equity）の違いを描いた上のような風刺画[26]を見せた。平等は、その人の属性や社会経済的背景に関係なく同じように扱うことであるのに対し、公平・公正とは、その人の属性や社会経済的背景を考えた対応を行うことであるということを、前の「The $100 Race」やこの風刺画を通じて、生徒は知ることになった。

まとめ：論証モデルに記入する（3 回目）

　最後に、「自分自身の『公平』についての考えをふまえて、結論を 120 字程度で書きなさい。」という課題が出された。図 5-6b はある生徒の論証モデルだ。結論は「加点すべきではない」ということで最初と変わっていないが、〈対立

---

25)　https://www.nikkei.com/article/DGXMZO49651630Q9A910C1CR8000/ 参照。

26)　https://scrapbox.io/nishio/Equality_v.s._Equity 参照。オリジナルは、https://edtrust.org/the-equity-line/equity-and-equality-are-not-equal/ より。

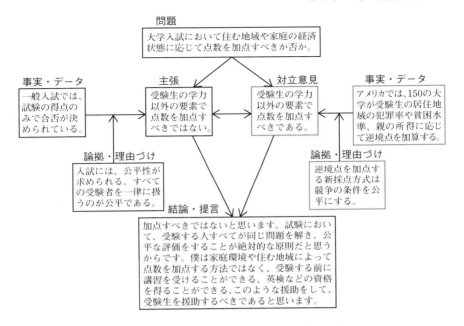

図 5-6b　生徒の書いた論証モデル（3回目）

意見〉も視野に入れて、「家庭環境や住む地域」において不利な生徒には、別の方法によって援助すべきであるという提言が述べられており、より多角的な思考ができるようになっていることがうかがえる。

②第2回（2019年10月29日）

　定期試験や行事があり、第2回は第1回の約1か月後になった。この間に、日本の大学入試改革に大きな出来事があった。10月24日に、あるテレビ番組の中で萩生田文科相が行った発言（いわゆる「身の丈」発言27)）がきっかけとなって、これまでくすぶっていた大学入学共通テストに対する批判や不安が

---

27)　BSフジのテレビ番組「LIVE プライムニュース」（2019年10月24日放送）での、英語の民間試験の公平性に関する質問に対して、萩生田文科相は「裕福な家庭の子が回数受けてウォーミングアップできるみたいなことがもしかしたらあるのかもしれないけど、そこは自分の身の丈に合わせて2回をきちんと選んで勝負してがんばってもらえば」と発言した。

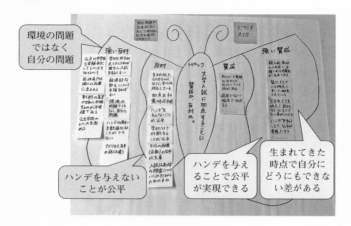

噴出した。その結果、11月1日には、2020年度から導入予定であった英語民間試験の実施見送りが、12月17日には、同じく国語と数学の記述式問題の実施見送りが相次いで文科省より発表され、いずれも、2024年度導入の可否について、1年間かけて再検討されることになったのである。

前回授業を振り返る

　授業では、さっそくこの「身の丈」発言が教材化された。第1回の問題について生徒が論証モデルに書いた〈結論〉がバタフライ・チャートに整理され、生徒は意見（賛成・反対・どちらともいえない）ごとにまとまって座った。

資料と問題が提示される

　ここで4種類の資料が配布され、本時の問題が提示される。
・資料1：男女／地域ごとの大学進学率の現状
・資料2：九州大学女性特別枠設置をめぐる議論
・資料3：東大生の親の年収と45～54歳男性の平均年収の比較
・資料4：入試における公正確保のための主なルール

> **問題**　大学入試における公平性を確保するために、特定の人に配慮して得点を加点することに賛成か？　反対か？

賛成・反対の立場に分かれて論証モデルを作成する

　生徒はまず個人作業で、(a) 主張を支える事実・データを選択し、(b) 論拠を記し、(c) 対立意見が支持する事実・データと論拠を予想し、(d) それらに反駁を加える、ということを論証モデルに記入しながら行う。その後、4〜5人グループで、上の問題に対して、(e) 結論を導き、論証モデルを完成させる。前時と異なるのは、日本での大学入試・進学に関する具体的な資料をもとに、自分とは異なる対立意見についても、その意見の根拠（事実・データと論拠）を考えさせたこと、その上で、対立意見に対してどんな反駁ができるかを考え、あらためて結論も検討してもらった点にある。

　あるグループは、結論に「大学入試で加点するのはどうかと思うが、AO入試等で大学の判断にまかせて、加点ができるようにするのはありかもしれない」と書いた。これは、実際にアメリカで行われていることに近い。

まとめ

　最後は、あらためてそれぞれの生徒に、「2回の授業を通して入試の公平性に対して考え方はどのように変化したか？」をまとめるという課題が示されて授業は終わった。

＊　　　　　　　　　　＊

　この2回の授業は、朝日新聞（2020年3月31日付朝刊）に「『身の丈』発言高校生が考えた」という見出しで紹介された。この記事では、東京の自由学園と高槻高校の2つの高校での取り組みが描かれている。自由学園では、高2と高1のそれぞれ1クラスが、国語の授業で6時間をかけて、萩生田文科相の発言やその背景（家庭の経済格差や教育への公的支出の対GDP比の低さなど）について「社会正義」の観点から考えたようだ。

　高槻では、ご覧いただいたとおり、2時間で、日米双方の大学入試改革を扱い、加点という形で生徒の社会経済的不利を補うことに絞って、「入試の公平性」について考えた。2回の授業の間が1か月近くあいたこともあり、2回目の授業が1回目の授業を受けてさらに深まったというところまではいかなかったように思う。合計2時間というのも、テーマの大きさに比べると短すぎただろう。今後、授業計画を練り直してあらためて取り組まれることを願っている。

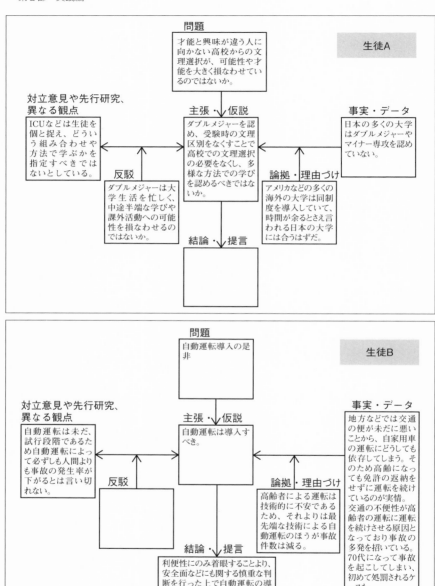

図 5-7　生徒の探究活動の進捗状況を示す論証モデル（2018 年度）

③ 3 学期の探究活動

　この授業の後、11 〜 2 月には、社会と自分の未来（キャリア）を関連づけながらテーマを設定し、論証モデルを使いながら探究活動を行っていった。社会と自分の未来をなかなか関連づけられない生徒に対しては、社会の未来を考える際の補助的資料として、河合雅司『未来の年表』（河合, 2017）を活用するよう働きかけた。探究活動を行う際には、各自の ICT 端末（Surface）を使い、時折、進捗状況を論証モデルの形で提出させた。一般に総合学習は、教科の授業と違って、タイムスパンが長く、学習活動の進捗状況も生徒やテーマによって異なるので、教師は、それを把握しながら支援するのに苦労する。論証モデルのよいところは、それが一目で捉えやすくなるという点だ（図 5-7）。

　この図は 2018 年度のもので、論証モデルが 2019 年度のものと左右逆になっているなどかなり異なるのだが、イメージはつかんでいただけるだろう。Ａくんは、〈結論・提言〉がまだ書けていない。論理的な順序からすれば、ここが最後になるので不思議ではないのだが、それぞれの要素は埋められても「それで結局何が言いたいんだっけ」という状態になっている場合もあるので、現在の状況を尋ねてみる必要がある。どうも、Ａくんは議論の材料は出したものの、各要素がまだ論理的に整理できていないようだ。例えば、〈対立意見〉に書かれている ICU の例は、むしろ〈主張〉を支える〈事実・データ〉に位置づけられそうだし、〈反駁〉に書かれているのは、〈対立意見〉への反駁というより、むしろ自分の〈主張〉への反駁になってしまっている。一方、Ｂくんは、なぜこの〈問題〉を選んだのか、書き込みができていない。また、〈対立意見〉は適切に意識できているが、それをどう〈反駁〉するか考えあぐねているようだ。

　このように、論証モデルを使うと、1 クラス 45 人の生徒の進み具合やいきづまりが手に取るようによくわかる。教師はその把握をもとに、一人ひとりの指導を行うことができる。

　2019 年度の実践では、最終的に、論証モデルの各要素を A4 判の紙 1 枚ずつにまとめ、それを模造紙 1 枚に並べて、2 月 22 日のポスター発表会にのぞんだ（図 5-6b と比べるとわかるように、〈反駁〉の枠を加えて、〈対立意見〉との関係を明記するようにした）。こんなふうにすれば、誰でも簡単にポスタ

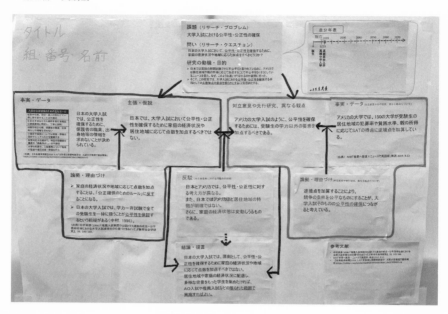

ーが作れる。これも論証モデルの長所である。ポスターとしての見栄えよりも、問題の自分にとっての意味や関連性がわかりプロブレムからクエスチョンに具体化されていること、主張が根拠（事実・データと論拠）に基づいていること、対立意見について根拠をふまえた上で反駁を行っていること、問題から結論・提言までの流れに一貫性があること、などを重視した。また、すべての生徒が同じモデルに基づいて発表を行うので、質疑応答がとても活発に行われるとい

う利点も確認できた。

　以上、高槻中高の3つの授業を紹介してきた。それぞれの教科・領域の特質やテーマにあわせて、三角ロジックや論証モデルが創意にあふれた形で使われていることがおわかりいただけたのではないかと思う。とはいえ、高槻中高でも、「総合的な探究の時間」を除けば、授業の中で日常的に使われているわけではない。

　対話型論証モデルは、最初は少しハードルが高いかもしれないが、繰り返し使う中で、メンタルモデルになり、論理的・批判的に考えたり、意見の異なる相手と議論したりすることを助けてくれるようになる。教師の中には、こういうモデルをわざわざ図に描かなくても、すでに対話型論証がその人の思考法になっている人もいる。だが、対話型論証モデルを使えば、それをいったん対象化して検討したり、他者と共有したりすることが可能になる。そういうことが教師も生徒も日常的に行えるようになることが今後の課題だ。

2.　中学社会科における探究の授業─中学2年「明治維新」─

　ここまで、高槻中高での取り組みについてみてきたが、対話型論証の授業は別に高槻中高だけに限定されているわけではない。以下の2つの節では、他の中学校・高校での授業を紹介しよう。これらは対話型論証モデルを使って創られた実践ではないが、対話型論証モデルを使うとその授業の構造がよくわかる。

　最初は、新潟大学教育学部附属新潟中学校の山田耀先生の中学2年社会科の単元「明治維新」の授業である（2018年10月実施）[28]。

　この単元では、大久保利通から「天下一の県令」と賞賛された第2代新潟県令楠本正隆に光をあて、「楠本正隆は新潟で明治維新をどのように進めたのだろうか」が単元全体の課題として設定されていた。単元は全6時間で、以下のように構成されていた（山田, 2019）。

---

28)　この授業については、山田（2019）で紹介されており、同じ本の中で私もコメントを書いた（松下, 2019a）。

第1時	明治時代初期の新潟の様子に着目する活動

第1時　**明治時代初期の新潟の様子に着目する活動**
　　　　・イザベラ・バードの旅行記から、明治初期の新潟の近代化が進んでいたことに気づく。

第2時　**明治維新が進む新潟の人々の反応を読み取る活動**
　　　　・新潟の近代化が人々に反発を受けていたこと、その改革を進めていた県令楠本正隆を知る。

> 〈**本単元における課題**〉　楠本正隆は新潟で明治維新をどのように進めたのだろうか。

第3時　**楠本県令のことを調べるために、白山公園でのフィールドワーク**
　　　　・楠本県令が創設した全国初の公園でフィールドワークを行い、開化政策の概要を知る。

第4・5時　**楠本県令の開化政策を追究する活動（ジグソー法）**
　　　　・自分が追究する楠本県令の開化政策を選び、資料をもとに追究活動を行う。
　　　　　- 廃藩置県・地租改正
　　　　　- 学制の公布・殖産興業
　　　　　- 文明開化（人々の生活）
　　　　　- 文明開化（町の様子）
　　　　・同じ開化政策、違う開化政策を選んだ仲間と交流する
　　　　・楠本の開化政策を模造紙にまとめ、全体で共有する。
　　　　・楠本の開化政策が人々に反発されたり、財政負担を強いていたりしたという共通点を見いだす。

第6時　**楠本県令の開化政策を評価する活動**
　　　　・楠本の開化政策について自分の立場を決め、グループで議論する。
　　　　・学級全体で楠本の開化政策について検討し、個人で意見をまとめる。

（出典）山田（2019, p.34）より抜粋。

　私が見た授業は単元最後の第6時で、これまで学んできたことをふまえて、学級全体で楠本県令の開化政策について検討する活動が行われていた。生徒は、前時には、「楠本県令の開化政策をどのように評価するか」について自分の意見をまとめており、それをもとに、本時では、まず、①4人グループで話し合

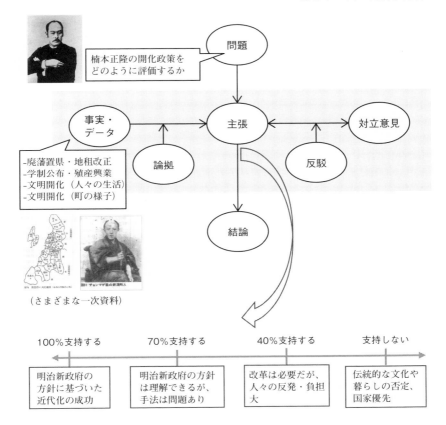

図 5-8　単元「明治維新」での生徒たちの意見

う、次に、②論点を全体で共有し、学級全体で楠本の開化政策の評価を行う、最後に、③個人で考えをまとめる、という形で授業が構想されていた。

　グループは考えが異なる生徒で編成されていた。図 5-8 のように、「100％支持する」「70％支持する」「40％支持する」「支持しない」の数直線が模造紙に引かれ、支持する割合が高い生徒から順に理由を発表していく。私の見ていたグループは、生徒たちが口角泡を飛ばす勢いで議論を交わしていた。

　この活動は、まさに対話型論証の好例である。一般的に論証の活動というとディベートを思い浮かべる方も少なくないだろうが、ここでは、ディベートの

ように肯定側・否定側を二項対立的に、参加者の意見と関係なく割り当てるのではなく、「70％支持する」「40％支持する」という選択肢も入れて、生徒が自分の意見に即した選択肢を選べるようになっていた。

　注目すべきは、〈事実・データ〉の質の高さである。生徒たちは、それまでの授業の中で楠本の開化政策を、「廃藩置県・地租改正」「学制公布・殖産興業」「文明開化（人々の生活）」「文明開化（町の様子）」という4つの視点から、フィールドワークや一次資料の読み込みによって追究し、追究内容をジグソー法によって共有していた。ただ、学んできた〈事実・データ〉は同じでも、どの〈事実・データ〉を重視するか、それをどんな〈論拠〉によって解釈するのか、誰の立場を重視するのかによって、導かれる〈主張〉は異なってくる。そこには生徒たちそれぞれの価値観の違いが反映している。

　こうして、生徒たちは、中央と地方の関係という視座から明治維新という対象世界について深く学び、他者との対話を通して、自分自身の見方に気づきそれを再構築していったのである。

3.　高校国語における探究の授業―読むことと書くこと―

(1)　複数のテクストと本質的な問い

　対話型論証モデルを使うときに気をつけなければならないのは、モデルのそれぞれのボックスを埋めただけで終わってしまい、深い学びにつながらない場合があるということである。深い学びにつながるには何が必要なのだろうか。

　鳥取東高校の国語教師荻原伸先生の授業（藤原・荻原, 2019; 荻原, 2019）にはそのヒントがある。荻原先生の授業の大きな特徴は、複数の教材（テクスト）を「本質的な問い」によって束ねている点、読むことと書くことを組み合わせて単元を構成している点にある。

　ふつう国語の授業といえば、教科書に掲載されている一つの教材を丹念に読み解いていく授業が一般的である。これに対し、荻原先生の授業では、教科書教材に加えて数個の、ときには異なるジャンルのテクストが選ばれ、それらを貫く「本質的な問い」が提示される。「本質的な問い（essential questions）」というのは、「学習領域における一貫した関連づけの中心」にある「重大な観

念（big ideas）」をめぐって構成される問いである（ウィギンズ＆マクタイ，2012）。それは、学びの対象に関わって「何度も起こる重要な問い」であり、対象を「探究し意味を捉えるのを助け」、「多様な学習者を最もよく参加させる」働きをするとされる（pp. 131-132）。「本質的な問い」には、「トピックごとの本質的な問い」と「包括的な本質的な問い」がある。前者が単元内の特定のトピックに関する本質的な問いであるのに対し、後者は、「より一般的な、転移可能な理解を指し示す」ものであり、トピックの内容にとどまらず「単元と科目を横断する重大な観念に言及する」ものである（p. 137）。この「トピックごとの本質的な問い」と「包括的な本質的な問い」が重層的に示され、それに伴って生徒にも重層的な理解（＝深い学び）が促されるのが荻原先生の授業の第一の特徴である[29]。

　荻原先生の授業のもう一つの特徴は、読むことと書くことがつながっている点である。荻原先生の授業の中で、生徒たちは、評論文、エッセイ、短編小説、書評などを書く。あるときの高 3 の単元では、まず教科書教材の岡真理「虚ろなまなざし」、続けてやや難解な岡真理「『文化が違う』とは何を意味するか？」を読んだ後に、この 2 つのテクストを引用しながら具体例を交えて 400 字程度の評論文を書いた。その単元の振り返りでは、「テクストを読んだあとに書くことによってテクストの理解が深まりましたか？」（5 段階評価）という質問に対して、4 が 48.8％、5 が 48.8％とほぼ全員の生徒が肯定的に評価した。

　短歌も作る。生徒たちの作った短歌はこれまで河野裕子短歌賞などで賞を得てきた。2016 年の沢あかねさんの入賞作「パレットの絵の具を流す夏の青わたしの時間をとじこめていた」は私のお気に入りの歌だ。このような読むことと書くことをつなぐ取り組みも、読むことに偏りがちな高校国語では異色である。

（2）テクストを重ね合わせる―単元「じぶんの作り方のレッスン」―

　以下では、荻原先生の単元を 2 つ紹介しよう。まずは、現代文の単元「じぶ

---

29)　藤原・荻原（2019）は、認識の「結束性」と「重層性」を、学びの深さの重要な側面としている。認識の結束性とは、「テクストの解釈の相互関連が見出せる状態」、認識の重層性とは、「推論を介して上昇的に認識内容が般化していく状態」のことである（p. 125）。

んの作り方のレッスン」（高3、2019年7月実施、8時間構成）である。単元は以下のように展開した。

第1時	野口裕二「物語としての自己」（教科書教材）を読解する。
第2時	円谷幸吉の遺書（平川克美「見えないものとの対話　第3回オリンピックと死者の影」より）の文章を「物語としての自己」の語彙・概念でタグ付けする。
第3時	自分に割り当てられたテクストを「物語としての自己」の語彙・概念でタグ付けする。
第4・5時	10編の文章から評論文づくりに向けての2編を選び、読む。
第6〜8時	じぶん・言葉・世界・語りについての評論文を書く。

　この授業の大きな特徴は、「タグ付け」である。生徒たちがツイッターやインスタグラムなどで慣れ親しんでいるハッシュタグ（#）を授業でも活用しようというわけである。まず、教科書教材である野口裕二「物語としての自己」を読み、次の円谷幸吉の遺書の文章との間に共通する語彙・概念を見出して、それにタグ付けする。第3時では、さらに、それぞれの生徒が自分に割り当てられたテクストについて、「物語としての自己」の間に共通する語彙・概念を取り出して、タグ付けする。ハッシュタグ（#）の例として教師が挙げたのは、「物語としての自己」にある、「現実組織化作用」「現実制約作用」「一貫性」「自己を語る」「支配的な物語」「変形される自分」「更新される自分」「ほんとうの自分」「現在が物語の結末」「取捨選択」である。

　第4〜8時は評論文づくりと、それに向けてテクストを選び、読みこむ時間である。まず、600〜800字の評論文を書くという最終課題が示される。

> **最終課題 授業の行き先**
> ・教科書「物語としての自己」＋その他のテクスト 2 種類をそれぞれ
> 引用しながら、具体例をまじえて 600 ～ 800 字の評論文を以下のテー
> マで書く。
>
> ①じぶんはどこにあるのか　　②こんなことがありました
> ③人間という生き物　　　　　④これがわたしの生きる道
> ⑤わたしの物語　　　　　　　⑥言葉がなければわたしはいない
> ⑦わたしは言葉だった　　　　⑧わたしを縛るもの／作るもの　他

　生徒は以下の 10 編のテクストの中から 2 編を選び、それを「物語としての自己」と重ね合わせ、さらに自分の具体例もまじえて評論文を書く。10 編は、哲学、社会学、心理学の論説文、象徴性の高い短編小説など、いずれもなかなか歯ごたえのあるテクストである。

> **資料**
> ①津田大介「情の時代を生き抜く技法」『世界思想』世界思想社, 2018
> 　春, 45号.
> ②マイケル・トマセロ「互恵性と規範」『ヒトはなぜ協力するのか』
> 　勁草書房, 2013.
> ③古田徹也「『シューベルト』という名前はシューベルトにぴったり
> 　あっている」『言葉の魂の哲学』講談社, 2018.
> ④ミランダ・ジュライ「アルバム」『あなたを選んでくれたもの』新
> 　潮社, 2015.
> ⑤國分功一郎「カツアゲの問題」「『する』と『させる』の境界」『中
> 　動態の世界』医学書院, 2017.
> ⑥神慶太「川」『MONKEY』vol. 2, スイッチ・パブリッシング, 2014.
> ⑦石戸諭「揺らぎの先に」『リスクと生きる、死者と生きる』亜紀書
> 　房, 2017.
> ⑧マルクス・ガブリエル「世界は数多くある」『なぜ世界は存在しな
> 　いのか』講談社メチエ, 2018.
> ⑨佐々木正人「微小な行為の群れ」『知性はどこに生まれるか』講談
> 　社現代新書, 1996.
> ⑩岸政彦「自分を差し出す」『断片的なものの社会学』朝日出版,
> 　2015.

　一人の生徒の作品を紹介しよう。この生徒は、野口裕二「物語としての自己」に加えて、⑦石戸諭「揺らぎの先に」と⑩岸政彦「自分を差し出す」を選んだ。彼女が付けたタグは、# 自分でも把握しきれていない自分、# 自己を語る、# 自己を表現する、# ほんとうの自分、# 違う自分、# かたちづくる、# 確かな自分である。

語ること、表現することの重要性

　私がこの三つの文章に見出した共通性は、語ること、表現することの重要性である。

　まず、「物語としての自己」では、自己を誰かに語ることがそのまま自己を変形していく、とある。自分が語り、相手が語り、そのやりとりの中で自己は姿を現し、変形され、更新されていくのである。ほんとうの自分とは、語りの中に存在するものである。自己をどのように表現するか、そのひとつひとつの言葉づかいが自己の輪郭を刻んでいる。自己をどのように語るか、どのような言葉を使って語るか、そのこと自体が自己をかたちづくっていくのである。自分自身、自己の気持ちや考え、方向性、進路など、頭の中には漠然とあったものが、語り始めたことで確かになったり、逆に疑問に感じたり、様々な揺れを実感した。自分を語ってみても、動じず語れる時もあれば、問われてすぐに答えられない、自分でも把握しきれていない自分があった。私が語り、家族が、友人が語り、また私が語り、その繰り返しの中で違う自分に気付いた時もあり、より強く意思を固めた時もあった。どうしたらよいかますます分からなくなっていく時もあった。しかし、どんな気持ち、どんな考えになっても、これが今の自分自身なのだと気付けた。

　「揺らぎの先に」にあったように、書くことや話すこと、聞くことで人は自分の思いの深さに気づいていくのだと肌で感じた瞬間があった。まだまだ、先は分からない。確かだと思っていた目標も、変わった。でも、きっと、紆余曲折しながらも、一歩ずつ近付いていると信じたい。自分の気持ちに正直に、真剣に語り続けていけば、きっといつか見つかる。

　「自分を差し出す」にあるように、世界一でも唯一無二でもないけれど、家族や地域や学校、その他の様々な出会いの中で生まれ育ちかたちづくられてきた私がある。自分を差し出す覚悟をする、私がいる。より確かな自分に近付いていくために。

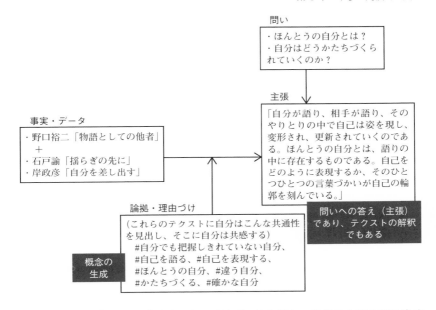

図 5-9　複数の作品をタグづけによって結びつけながら、自分の主張を編み出す

　この作品は、評論文において重要であるはずの「問い」の設定がなされておらず、直接、3編のテクストに見出した共通性を挙げるところから始まっている。また、それぞれの資料の中で自分が大切だと思う文章を抜き出してそれに自分の日常を重ね合わせるという形で書かれており、評論文としてはそれほど完成度の高いものではない。それでも、手強いテクストを自分なりに結びつけようとした跡がうかがえる。この生徒の作品に表れた学びを対話型論証モデルで表現すれば、図 5-9 のようになるだろう。

　彼女の評論文の背後には、「ほんとうの自分とは？　自分はどうかたちづくられていくのか？」という問いが垣間見える。3編のテクストを読む中で立ち上がってきた問いである。7つのタグで3編のテクストの共通性を見出し、そこに共感しながら、その問いに対する自分の答えを紡いでいく。7つのタグは、問いについて考える上で必要な概念として削り出されたものである。こうして生まれた評論文は、問いへの答え（主張）であり、テクストの解釈にもなっている。

（3）対立するテクストを用いる─単元「和歌から言葉へ」─

　単元「じぶんの作り方のレッスン」は、現代文の複数のテクストをタグ付けによって自ら重ね合わせることで、「じぶん・言葉・世界・語り」についての自分なりの考えを創り出していくものであった。

　今度は、古典の単元「和歌から言葉へ」（高2、2016年11月実施、3時間構成）を紹介しよう（藤原・荻原, 2019; 荻原, 2019）。

　この単元において、荻原先生は、百人一首にもとられている大江千里の有名な和歌（平安期）とこの歌に対する正岡子規の歌論（明治期）という2つのテクストの対立を単元構成の中心に据えている。

> 月見れば千ゞにものこそかなしけれわが身ひとつの秋にはあらねど
> 　　　　　　　　　　　　　　　　　　　大江千里『古今和歌集』

　子規は、『歌よみに与ふる書』において、この千里の歌を次のように痛烈に批判している。

> 上三句はすらりとして難無けれども下二句は理窟なり蛇足なりと存候。
> 歌は感情を述ぶる者なるに理窟を述ぶるは歌を知らぬ故にや候らん。
> ［中略］厳格に言はゞ此等は歌でも無く歌よみでも無く候。
> 　　　　　　　　　　　　　正岡子規『よたび歌よみに与ふる書』

　子規の批判を目にしたときに荻原先生の頭に浮かんだのは、「果たして、子規が言うように千里の歌の価値はそれほど高くはないのだろうか」「そもそも、歌というものはいかなるものなのだろうか」という疑問だったという。調べてみると、「わが身ひとつ」をモチーフとする歌はいくつも見つかった。そこで、この2つのテクストの対立を軸としながら、さらに、「わが身ひとつ」をモチーフとする現代短歌1首と古典和歌4首、大江千里がふまえた白居易の漢詩「燕子楼」、千里の歌についての解説文（渡部泰明『絵で読む百人一首』）といったテクスト群を用いることで、この問いに迫る授業を構想していった。

現代短歌

　傘持たぬ時に限りて雨が降る我がうえにのみ降るにあらねど

　　　　　　　　　　　　　　　　　　　　　　　　　　　沢田英史

古典和歌

　A　おほかたの秋くるからにわが身こそかなしき物と思ひ知りぬれ

　　　　　　　　　　　　　　　　　　　　　　　　　　よみ人しらず

　B　月やあらぬ春や昔の春ならぬわが身ひとつはもとの身にして

　　　　　　　　　　　　　　　　　　　　　　　　　　　在原業平

　C　世中は昔よりやは憂かりけんわが身ひとつのためになれるか

　　　　　　　　　　　　　　　　　　　　　　　　　　よみ人しらず

　D　幾秋を千々にくだけて過ぎぬらむわが身ひとつを月に憂れへて

　　　　　　　　　　　　　　　　　　　　　　　　　　　藤原定家

　授業は次のように進んだ。まず導入で、上の現代短歌について感想を出しあった後、古典和歌の解釈に入る。これは荻原先生の授業でよく用いられるやり方なのだが、4人一組の班にA〜Dの4首が配布され、各自が1首を担当する。同じ班のメンバーは似てはいるが異なるテクストを読み、語り合う。さらに、途中から班を離れて、教室空間を自由に移動しながら、別の班にいる同じ和歌を担当している生徒と解釈を交流する（クラスは40人なので10班あり、同じ歌を担当している生徒は他に9人いる）。そしてまた元の班に戻って、新しく得てきた解釈を語り合うのである。このやり方を私は勝手に"変形ジグソー法"[30]と呼んでいる。同じテクストを担当している者同士がエキスパートグループを形成し、その後、元のグループに戻って、異なるテクストを担当した仲間と一つのテーマ（今回であれば「わが身ひとつ」という同一のモチーフ）について、ジグソー活動をしているように見えるからである。ただ、教室空間を移動して、あちこちで対話し、新たな見方を得て戻ってくるところには、ワールドカフェ的な要素も入っている。

　このような解釈の交流の中で、生徒たちは、「わが身ひとつ」というモチーフ自体が古典和歌の世界で共有されており、とりわけ秋に月を見ながら自らを内省するというような歌の共通性がみられることに気づいていった。その過程

30）　もともとの「ジグソー法」（知識構成型ジグソー法）については、東京大学CoREFのウェブサイト（https://coref.u-tokyo.ac.jp/archives/5515）、および白水（2020）参照。

で、生徒たちは、教師の紹介した白居易「燕子楼」や、「千々」「一つ」の対比によって「無数の悲しみと引き換えに、季節との一体感を感じ取っているさまが浮かび上がる」とする渡部の解説も参照しながら、読みを深めていった。

　この段階まで来たところで、子規の『よたび歌よみに与ふる書』が生徒たちに配布される。教師が音読を終えると、生徒たちの間に大きなざわめきが生まれた。続いて、教師は以下の2つの課題を出し、生徒たちに自らの考えを表現することを求めた。

　問（課題）以下の二つから一つを選択しよう。

　あ：大江千里が詠んだ「わが身ひとつ」を考える。
　　→大江千里が詠んだ「わが身ひとつ」とほぼ同時代の「わが身ひとつ」の関係を考えつつ「わが身ひとつ」という言葉がどのような意識から誕生しているのかを考察する。

　い：子規の「わが身ひとつ」批判を考える。
　　→子規の批判の矛先はどこに向かっていたのか。ふたたび子規の言葉を読み直し、また「わが身ひとつ」の歌群の解釈を読み直し、考察する。

「あ」の課題を選んだ生徒A、「い」の課題を選んだ生徒Bの解答を紹介しよう。

　　やってくる秋は、他の季節と比べて悲しみという気持のほかにもいろいろと考えに耽りやすい季節だ。そういうイメージのある秋と孤独な自分を重ね合わせたり比べたりすることによって生まれた「わが身ひとつ」なのだから、感情がないから歌としてだめだとは言えないのではないか。（生徒A）

　　子規は歌というのは感情を述べるものだと言う。それは、読み手に感情を伝えるため、感じてもらうためのものとも言える。子規はこの歌を下二句が理屈を述べていると言っているが、読み手はこの歌を読んだときに理屈だけを読みはしない。渡部泰明さんのように感情を想像することだってある。子規の批判は的外れである。（生徒B）

　最初に述べたように、この単元は、大江千里の和歌とこの歌に対する正岡子

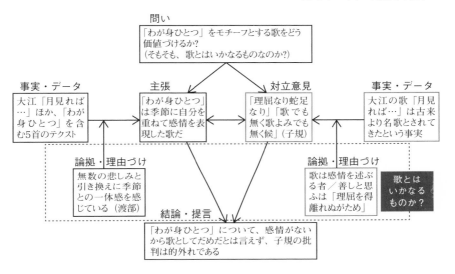

図 5-10　対立するテクストを比較しながら、自分の主張をまとめる

規の評論という２つのテクストの対立を軸としながら、時代もジャンルも異なる複数のテクストをつなぎ合わせ、「『わが身ひとつ』をモチーフとする歌をどう価値づけるか？」「子規の『わが身ひとつ』批判をどう考えるか？」という問い、さらには「そもそも、歌とはいかなるものなのか？」という問いについて探究するものであった。この重層的な問いは、前者が「トピックごとの本質的な問い」、後者が「包括的な本質的な問い」にあたる。

　これもまた対話型論証のすぐれた授業実践であるということができる。この授業の構造は、図 5-10 のように描くことが可能だろう。２つの対立するテクストをめぐる大きな対話構造の中に、古典和歌４首のテクストを解釈しあう対話が組み込まれ、さまざまなレベルで対話が展開している。さらにこの対話型論証の中で、「そもそも、歌とはいかなるものなのか？」という包括的な本質的な問いについて、生徒は自分なりの見方（概念）を創り上げていった。それはとりわけ、テクストや歴史的な事実を解釈する際の〈論拠・理由づけ〉の部分に浮き出てくる。

　このように対話型論証モデルで描くことによって、複数のテクストが果たす

役割の違いも見てとることができる。古典和歌４首は、大江千里の歌と同じ意味世界を共有するテクストであり、渡部の解説文は、それを解釈する際の〈論拠・理由づけ〉を提供する。一方、子規の『よたび歌よみに与ふる書』は〈対立意見〉を構成し、生徒たちの思考を喚起する。

　この単元では、「対立するテクスト」として、実際に対立関係にある２つのテクストが用いられていたが、「対立するテクスト」は必ずしもそのようなものばかりとは限らない。たとえば、単元「歌物語を読む」では、『伊勢物語』第六十段を、和歌の世界における「橘」の意味に注目しながら読むことに挑戦させている。第六十段は、次の歌を中心に編まれた歌物語である。

　　　五月待つ花橘の香をかげば昔の人の袖の香ぞする（『古今和歌集』）

　授業では、『新古今和歌集』の「橘」の系譜の和歌を４首、「わが身ひとつ」と同じようなやり方で解釈しあった後、橘がその強い芳香から「変わらぬ時の流れの象徴として、昔と今をつなぐものであった」と述べた評論を読んで、最後に次の課題に取り組んだ。

> 問　もし「五月待つ」の和歌ではなく、「私はあなたの元夫である」という直接的な表現が置かれていたとしたら、この物語に違いは生じるだろうか。

　この問いに対して、ある生徒は、「『五月待つ』と表現したことで、幸せになれないまま終わってしまったはかない恋を思わせ、男が女のことを愛していたことをにおわせることができる」と書いた。

　このように〝架空の対立するテクスト〟を設定することで、対話型論証が創り出されることもある。高槻中・石堂先生の「小さな手袋」で生徒が作った「もし手袋ではなくてマフラーだったら」という比較・対比と同じ構造である。

（4）〈論理 vs. 文学〉の二分法と対話型論証

　2018年３月に新しい高等学校学習指導要領が告示され、2022年度から施行される。新学習指導要領では、数多くの教科・科目が新設・再編されている。たとえば、教科では、創造力がある将来の研究者の育成をめざして「理数」と

表 5-1　高校国語の科目構成とその特徴

（●は必修）	教材（種類）		教材（時代）		言語活動		
	論理的な文章・実用的な文章	文学的な文章	古典および近代以降の文章	現代文	話すこと・聞くこと	書くこと	読むこと
現代の国語●	○			○	○	○	○
言語文化　●		○	○			○	○
論理国語	○		○			○	○
文学国語		○	○			○	○
国語表現	○		○		○	○	
古典探究		○	○				○

（出典）高等学校学習指導要領（平成 30 年告示）、文部科学省『高等学校学習指導要領（平成 30 年告示）解説 国語編』より作成。

いう教科が新設された。もっとも、科目の再編が目立つのはむしろ、いわゆる文系の教科の方である。たとえば、国語は、必修科目が「現代の国語」「言語文化」の 2 つ、選択科目が「論理国語」「文学国語」「国語表現」「古典探究」の 4 つになり、地理歴史は、必修科目が「地理総合」「歴史総合」の 2 つ、選択科目が「地理探究」「世界史探究」「日本史探究」の 3 つになった。また、外国語は、「英語コミュニケーション I ～ III」（I が必修）、「論理・表現 I ～ III」の 2 つの柱に分けられた。これら国語・地理歴史・外国語の 17 科目はすべて新設である。さらに、「総合的な学習の時間」は「総合的な探究の時間」に変更された。全体として目に付くのは、「論理」の重視と「探究」の氾濫である。

　このうち、とりわけ大きな論争を呼び起こしているのが、「論理国語」と「文学国語」の区分けだ。改訂案が発表されて以来、数多くの本が出版され、いくつもの雑誌で特集が組まれてきた。日本学術会議でも、言語・文学委員会（古典文化と言語分科会）が、2020 年 6 月に、「提言：高校国語教育の改善に向けて」を発出している（日本学術会議, 2020）。

　問題視されているのは、〈論理と文学〉〈古典と現代文〉〈読解と表現〉といった形でみられる二分法である（表 5-1）。たとえば、教材の文章は、論理的

な文章・実用的な文章と文学的な文章とに大別され、「論理国語」では前者、「文学国語」では後者のみを扱う。「現代の国語」は主に現代の論理的な文章・実用的な文章、「言語文化」は主に古典および近代以降の文学的な文章を学習対象にする。「国語表現」で表現活動をするのは主に現代文の実用的な文章で、「古典探究」は読むことに限定される、といった具合だ。こうして、国語で学ぶ言語文化や言語活動がさまざまな二分法で分断されてしまっている。

　ここで、対話型論証の話に戻ろう。「論証」という言葉の響きから、対話型論証が使えるのは、論理的な文章だけだろうと思う人もいるかもしれない。だが、対話型論証は「論理国語」の専売特許ではない。「わが身ひとつ」の授業でみたように、「古典探究」に位置づけられるような単元であっても、対話型論証は読解や表現を行う授業をデザインする際の枠組みになる。〈論理と文学〉〈現代文と古典〉〈読解と表現〉といったさまざまな二分法を越えて、複数のテクストのジャンルや言語活動をまたいだ国語の学びをまとめ上げていく上で、対話型論証はその助けになるのである。

第6章

大学での試み

1. 高大接続と大学入試

(1) 高大接続改革

2014 年 12 月 22 日に、中央教育審議会答申「新しい時代にふさわしい高大接続の実現に向けた高等学校教育、大学教育、大学入学者選抜の一体的改革について」(いわゆる「高大接続答申」) が公表された。日本語の「接続」にあたる英語は "articulation" で、節 (竹の節、関節、分節など) を意味する言葉であるが、節には「つながり」(連続) と「区別」(不連続) の二面性がある (清水, 2001)。明治以来、日本の教育制度では、大学は「学問ノ場所」、中学校・小学校は「教育ノ場所」というふうに両者を峻別する考え方が支配的だった。それに対し、大学進学率が50%を超えるようになったところで、「区別」だけでなく「つながり」も作っていこうというのが「高大接続」の考え方である。

高大接続答申は、1999 年 12 月の中央教育審議会答申「初等中等教育と高等教育との接続の改善について」を引き継ぐものであり、理念的にはあまり大きな変化がないが、より具体的なアクションプランとしての性格をもっていた。とりわけ、①「高等学校基礎学力テスト (仮称)」、②「大学入学希望者学力評価テスト (仮称)」、③「各大学における個別選抜」という 3 種類の評価のイメージとその導入スケジュールを示したことにより、大きなインパクトを与えることになった (松下, 2017c)。ただし、その後、①は「高校生のための学びの

基礎診断」、②は「大学入学共通テスト」と名称を変えて、改革の内容も大幅に修正・縮小されていった。2019年11月・12月に、大学入試改革の目玉であった英語の民間試験（4技能入試）、国語と数学での記述式問題のそれぞれについて、2020年度からの導入が断念されたことは記憶に新しい。

（2）大学入学共通テスト（プレテスト）より

　本書を執筆している時点ではまだ初めての「大学入学共通テスト」は実施されていないが、これまで行われてきたプレテスト（試行調査）からある程度の傾向を把握することはできる。

　従来の大学入試センター試験も、マークシート試験という制約の下では、暗記した知識の再生だけでなくある程度の思考を要求する問題になっているという評価を得ていた。プレテストの問題をみると、現在の大学入試改革において求められている「思考力・判断力・表現力」を測るために、これまでとはまた別の工夫がなされていることが見てとれる。以下は、平成29年度のプレテスト「現代社会」[31]の問題からの抜粋である（大問5問中第4問の問4、試験時間60分）。

　第4問では、〈1年間の「現代社会」の授業も終わりに近づいた頃、基礎的な知識や概念を問う小テストが行われた。その答案の返却後、先生から「皆さんにも身近な課題について『問題』を作ってもらおうと思います。」と話があった〉というシナリオが設定されており、問4は生徒たちが作成した「問題」ということになっている。

31）　大学入学共通テスト平成29年度試行調査「現代社会」pp. 24, 28-31。（https://www.dnc.ac.jp/daigakunyugakukibousyagakuryokuhyoka_test/pre-test_h29_01.html）

問 4　生徒たちが作成し，先生が確認・添削して完成させた次の「問題」に答えよ。
18

　　現在，日本では，民法の成年年齢の引下げが注目されている。そこで，この問題について考える上で参考になりそうな資料を集めた。その結果，引下げに賛成の理由は，若い人に将来の社会を担ってもらうための期待や，多くの諸外国の成年年齢が 18 歳以下であるということなどが分かった。また，反対の立場についても調べ，その考え方を分かりやすく示すために，次のページ以降の【資料１】〜【資料６】のうち二つを使って，下の図を作った。

　　図中の　X　には，【資料１】〜【資料３】のうちのいずれかから読み取った内容が，また，　Y　には，【資料４】〜【資料６】のうちのいずれかから読み取った内容が入る。

　　各空欄に入る内容が読み取れる資料の組合せとして最も適当なものを，下の①〜⑥のうちから一つ選べ。

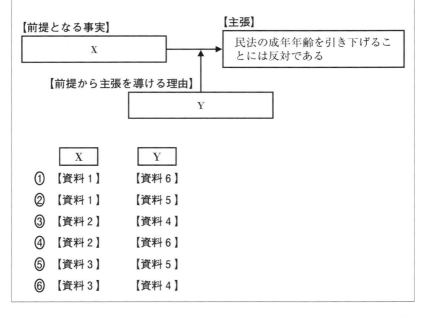

	X	Y
①	【資料１】	【資料６】
②	【資料１】	【資料５】
③	【資料２】	【資料４】
④	【資料２】	【資料６】
⑤	【資料３】	【資料５】
⑥	【資料３】	【資料４】

【資料1】 社会への貢献意識（性別、年齢別）（「社会意識に関する世論調査」
2017年より）

【資料2】 日本の人口ピラミッド（2015年国勢調査）

【資料3】 今の18歳、19歳にあてはまること（「民法の成年年齢に関する世論
調査」2013年より）

【資料4】 子どもが大人になるための条件（同上）

【資料5】 成年年齢と飲酒・喫煙年齢、選挙権年齢との関係の認知度（同上）

【資料6】 少年法（第二条抜粋）：少年、成人、保護者の定義

　（注）実際の問題では、資料1〜5はグラフ、資料6は文章で示されている。

図6-1　「現代社会」のプレテスト問題での三角ロジック

（出典）大学入学共通テスト平成29年度試行調査「現代社会」p.28より抜粋。

　正解は⑥、つまり、資料3が「前提となる事実」で、資料4が「前提から主
張を導ける理由」である。正答率は44.9％であった。第4問の「ねらい」は、
「政治に関わる身近な課題について、政治制度を理解する上で重要な知識、概
念及び理論の理解を問うとともに、成年年齢の引下げをめぐる議論について取
り上げ、諸資料を活用し、様々な立場から考察し理由や根拠を示す力を問う」
とされている。

　説明するまでもなく、この問題は、三角ロジックを使った問題である。しか
も、生徒が作成した問題という設定なので、高校生が授業の中で三角ロジック
を使いこなせるということを想定している。44.9％という正答率は、「子ども
が大人になるための条件はYだが、現在の18・19歳の実態はXでそれを満た
していないので、成年年齢を引き下げることには反対である」という論証を理
解できる生徒が、現状では半数に満たないことを示している。

　ふだんの授業で対話型論証を行っていれば、何のことはない問題だろう。こ
のような問題が解けることが、大学入試の「傾向と対策」の結果ではなく、対
話型論証という本来、生徒が身につけるべき力が日常的な学習の中で身につい
ていることの表れであってほしいと思う。

(3) 歴史の論述問題

　大学入学共通テストは、暗記した知識だけでなくある程度の思考を要求する問題になっているとはいえ、あくまでもそれは、マークシート試験という制約の下では、という条件つきである。いうまでもなく、マークシート試験では、生徒の「表現力」を測定・評価することはできない。そこで「記述式問題」の導入が検討されてきたわけだが、「採点の客観性・信頼性が担保されない」、あるいは逆に「採点の客観性・信頼性を担保しようとして非常に限定的な問題となりほとんど記述式問題を出題する意味がなくなった」といった理由から、2020年度の導入は見送られることとなった。

　このような状況の中で、日本学術会議史学委員会（中高大歴史教育に関する分科会）は、2019年11月に、「提言：歴史的思考力を育てる大学入試のあり方について」（日本学術会議, 2019）を発出した。これは、2018年3月に告示された高等学校学習指導要領で新設された「『歴史総合』のねらいが暗記重視の知識詰め込み型から思考力重視の歴史教育への移行にあるため、それに合わせた学習成果の評価方法の研究・開発が必要となる」という問題意識と、「高校歴史教育の改革は大学入試改革と一体的に進める必要がある」という歴史教育関係者の「共通認識」に立って、歴史の大学入試改革についての提言を行ったものである（p. 4）。

　具体的には、歴史系科目では、入試科目を「歴史総合・日本史探究」および「歴史総合・世界史探究」とすべきであるとした上で、出題に際しては、次の点を考慮することを提言している。

①基本的な歴史的知識（概念や時代像を含む）を問う問題と、多様な形式で歴史的思考力を測る問題をバランスよく配し、難易度の異なる問題を組み合わせる。

②教科書に掲載されている事実や史資料に関する知識だけを問うのではなく、既知の知識や考え方をもとに未知の史資料や課題を考えさせる問題を積極的に出題する。

③表・グラフや図像を含む多様な史資料を深く読み解く力を測る問題、また文脈に応じた判断の論拠や証明の方法の適切さを問う問題など、出題

　　パターンを多様化する。そのために、アクティブラーニングの過程を問
　　題文に利用することはもちろん、教科・科目の枠を越えた内容の出題も
　　試みる。
④知識を問うバラバラな小問を並べるだけでなく複数の問いを関連づける、
　　正解が一つの問題だけではなく正解が複数ある問題も配置するなど、解
　　答形式にも工夫する。（p. iii、傍点は引用者による）

　こうした方針に合致する入試問題とはどのようなものなのだろうか。提言で
は、過去の個別入試の論述問題と文部科学省の委託研究プログラムの試行試験
からいくつかの問題例が紹介されている。以下では、その中から、2013 年度
一橋大学一般入試の世界史の論述問題を引用しよう。

問題 2　次の文章を読んで、下線部に関する問いに答えなさい。

　フランスの歴史家アルベール・マチエはその著書『フランス大革
命』の第一巻を「君主制の瓦解（1787 年 – 1792 年）」とし、その第
二章を「貴族の反乱」とした。王室財政の破産がこのままでは不可避
とみた国王政府は、貴族への課税を中心とする改革案を作り、主とし
て大貴族からなる「名士会」を 1787 年に招集して改革案の承認を求
めたが、「名士会」は、貴族が課税されることよりも、むしろこのよ
うに臨時にしか貴族が国政に発言できない政治体制そのものを批判し、
全国三部会の開催を要求した。マチエはこの「名士会」の招集から
『フランス大革命』の論述を始めたのである。従来は 1789 年に始まる
と考えられていたフランス革命の叙述を 1787 年から始めたのはマチ
エの卓見であったが、1787-88 年の段階は「革命」ではなく「反乱」
とされた。それに対しショルジュ・ルフェーブルは「フランス革命と
農民」と題する論文において、マチエの「1787 年開始説」を引き継
ぎながら、「…したがって、フランス革命の開始期ではまだブルジョ
ワ革命ではなく貴族革命である。貴族革命は結局流産したが、それを
無視してはブルジョワ革命を説明できないであろう。（中略）フラン
ス革命の火蓋はそのために滅んでゆく階級によってきられたのであっ
て、そのために利益をえる階級によってではなかった」と記し、マチ
エが「貴族の反乱」と呼んだものを「貴族革命」と言い換えた。他方、
この論文の訳者である柴田三千雄氏はその著書『フランス革命』にお
いて「まず、フランス革命はいつからいつまでかといえば、1789 年

から 99 年までの約 10 年間とみるのが、通説です。貴族の反抗をいれ
ると 12 年になりますが、それはいわば前段階です。」として「反乱
（もしくは反抗）」についてはマチエ説に立ち返るとともに、フランス
革命の叙述を 1789 年から始めている。
　　1787-88 年の貴族の動きが「反乱（もしくは反抗）」であるか「革
命」であるかは、一見すると些細な用語の違いにすぎないと思われる
かもしれないが、この用語の違いは、「そもそも革命とは何か」とい
う大きな問題に直結しており、フランス革命という世界史上の大事件
の定義もしくは性格付けに直接かかわる問題なのである。
　　（ジョルジュ・ルフェーブル著・柴田三千雄訳『フランス革命と農
民』、柴田三千雄著『フランス革命』より引用。）

問い　「革命」をどのようなものととらえるとこの貴族の動きは「反
　　　乱（もしくは反抗）」と見なされ、また「革命」を逆にどのような
　　　ものと考えると同じ動きが「革命」と見なされることになるか答え
　　　なさい。絶対王政の成立による国王と貴族の関係の変化、フランス
　　　革命の際のスローガンなどを参考に考察しなさい。（400 字以内）

図 6-2　一橋大学一般入試（世界史）の論述問題

（出典）日本学術会議（2019, pp. 33-34）より抜粋。

　この問題は、「ある事象についての対立する見方の両方について、先行研究
の紹介も参照しながら論拠を問う形式の出題」であり、出題当時、「難問」と
して話題になったものらしい。「提言」では、「問題文に通常の『資料』でなく
研究者の論説を用いる出題」であり、「単なる関連知識を問うだけでなく、歴
史を学ぶ（研究する）過程に即した思考力を正面から問う方法と言えよう」（p.
33）と評価されている。
　だが、対話型論証モデルをふまえれば、問題が問うていることは明確である。
問題文に登場するのは、アルベール・マチエ、ショルジュ・ルフェーブル、柴
田三千雄という 3 人の歴史学者だ。この三者の間には、フランス革命の始まり
をいつとみなすか、「名士会」が全国三部会の開催を要求したことを貴族の
「反乱（もしくは反抗）」と捉えるか「革命」と捉えるか、という点で意見の食
い違いが見られる。この違いは、「『そもそも革命とは何か』という大きな問題
に直結しており、フランス革命という世界史上の大事件の定義もしくは性格付

けに直接かかわる問題」だとされている。

　研究者間の論争を取り上げ、科学・学問の創られる現場に立ち会わせているところは、第4章でみた PISA 2018 の「ラパヌイ島」問題と共通している。もっとも、「ラパヌイ島」問題では、ネズミのかじった跡が見つかったという新たな〈事実〉の発見があったことから、森の消滅について従来の説とは別の仮説（主張）が立てられていたのに対し、ここでは、同じ〈事実〉をどう解釈するかという〈論拠〉にあたる部分、すなわち〈事実〉の見方を規定する「革命」についての概念が論争点になっている。対立するテクストを用いることで「そもそも革命とは何か」という問いをあぶり出すというやり方は、第5章でみた「わが身ひとつ」の授業の「そもそも、歌とはいかなるものなのか？」という本質的な問いをめぐるやり方とも共通するところがある。

　もちろん、この入試問題に解答するには、「絶対王政の成立による国王と貴族の関係の変化、フランス革命の際のスローガン」といった事実的・概念的知識も必要である。だが、対話型論証の構造を理解していることは、そういった知識を相互に関連づけることを容易にするだろう。

　大学入試問題、なかでも各大学が作成する個別入試の問題には、どんな学生に入学してもらいたいか、高校時代にどんな学びをしてほしいかという大学側のメッセージが込められている。対話型論証は、「単なる関連知識を問うだけでなく、○○を学ぶ（研究する）過程に即した思考力」を育成する活動の中心をなすものなのである。

2. 現在の大学に求められる教育とは

(1) 大学教育改革と汎用的能力への注目

　ここまで、大学入試について、論証モデルとの関係をみてきた。では、学生を受け入れる大学の側の教育はどうなっているだろうか。

　1990 年代以降、リテラシー、コンピテンシー（コンピテンス）、21 世紀型能力といった〈新しい能力〉が教育政策において提唱され、教育実践にも大きな影響を及ぼしてきた（松下, 2010, 2014; 松尾, 2015）。

　〈新しい能力〉論において特徴的なのが、「汎用的能力」あるいは「能力の汎

用性」の強調である（松下, 2019d）。その傾向はとりわけ大学教育において顕著だ。たとえば、2006 年に経済産業省が提案した「社会人基礎力」は、「前に踏み出す力」「考え抜く力」「チームで働く力」という汎用的能力で構成されており、2018 年に更新された「人生 100 年時代の社会人基礎力」でも、その基本的性格は変わっていない。また、文部科学省が 2008 年の学士課程答申（中央教育審議会, 2008）で打ち出した「学士力」は、「知識・理解」「汎用的技能」「態度・志向性」「統合的な学習経験と創造的思考力」からなり、なかでも「汎用的技能」や「態度・志向性」といった汎用性をもつ能力が重要な位置を占めている。この学士力は、全米大学・カレッジ協会（AAC&U, 2007）の "Essential Learning Outcomes" を下敷きにしており、そこでも、「知的・実践的スキル」や「個人的・社会的責任」といった汎用性をもつ能力が、学士課程教育において身につけるべき「本質的な学習成果」とされている。さらに、2012 年の質的転換答申（中央教育審議会, 2012）では、「学修者が能動的に学修することによって、認知的、倫理的、社会的能力、教養、知識、経験を含めた汎用的能力の育成を図る」（p. 37）ものとして、「アクティブ・ラーニング」の推進が謳われた。

　このように、とくに大学教育において汎用的能力が重視されるようになった背景としては、ユニバーサル化（＝大学進学率が 50％を超えて、人々が大学に行くのをいわば当たり前のように考えるようになること）によって知識、スキルも態度・価値観も多様な学生が入学するようになったこと、社会の流動化が進み大学での専門分野と卒業後のキャリアが必ずしも一致しないのがふつうになったこと（したがって専門分野の枠を越えた知識・能力が将来への準備として求められるようになったこと）、知識の更新のされ方が急速でインターネットによる外部化も進んだために知識の価値の相対的低下が生じたこと、などが挙げられよう。

　もっとも、汎用性をもつ能力を育成するということは、学問の分野固有性を軽視するということを意味しない。2010 年から取り組まれてきた日本学術会議の「大学教育の分野別質保証のための教育課程編成上の参照基準」（分野別参照基準）では、「当該学問分野を学ぶすべての学生が身に付けることを目指すべき基本的な素養」を「基本的な知識と理解」と「基本的能力」に分けて示

しており、後者の基本的能力は「分野に固有の能力」と「ジェネリックスキル」によって構成されている。ここでのジェネリックスキルは、「分野に固有の知的訓練を通じて獲得することが可能であるが、分野に固有の知識や理解に依存せず、一般的・汎用的な有用性を持つ何かを行うことができる能力」（日本学術会議, 2010, p. 18）と定義されている。ジェネリックスキルと並んで分野に固有の能力も重視されていること、ジェネリックスキルの獲得が分野に固有の知的訓練を通じて獲得されるものとして捉えられていることが注目される。

　また、教育社会学者の本田由紀氏も、「特定の専門領域や分野、テーマを入口ないし切り口としながら、徐々にそれを隣接・関連する領域へ拡張・転換していくことを通じ、より一般的・共通的・普遍的な知識やスキル、あるいはキャリアを身につけていくプロセス」（本田, 2008, p. 76）の必要性を主張し、それを「柔軟な専門性（flexpeciality）」という造語によって表現している。

（2）大学教育改革批判をふまえて

　一方、矢継ぎ早に進められる大学改革に対しては、この数年、さまざまな批判が行われてもいる（藤本他, 2017; 佐藤, 2018; 広田, 2019）。

　現在の大学改革に対して鋭い批判を行っている山口裕之氏（山口, 2017）は、ユニバーサル段階の大学において求められる教育機能を、民主主義社会を支える「賢さ」を育てることだとした。民主主義とは「すべての国民が賢くなければならないという無茶苦茶を要求する制度」であり、その無茶苦茶を実現するために大学は存在している、と山口はいう。「大学が国民に与えるべき『利益』とは、民主主義社会を支える『賢さ』であり、その結果として実現される民主主義社会そのものである」（p. 148）と。

　その「賢さ」を、山口は「さまざまな問題について、その背景を知り、前提を疑い、合理的な解決を考察し、反対する立場の他人と意見のすり合わせや共有を行う能力があるということ」（p. 148）と定義している。山口によれば、このような能力は「自然科学であれ人文科学であれ、すべての学問が実践している方法」（p. 148）であり、また、「学問的探求だけでなく、職業の場においても役に立つはず」（p. 221）だという。「学術的な探求方法を、一般的な場面に応用することも念頭に置きながら教育することこそが、『知識能力の形成』

の教育である」（p. 221）とするのである。このように、個々の学問分野に固有の方法を用いながら、学問することこそが、大学で育てるべき知的能力の基盤になるということは、しばしば指摘されてきた（清家, 2012; 舘, 2006）。

　「さまざまな問題について、その背景を知り、前提を疑い、合理的な解決を考察し、反対する立場の他人と意見のすり合わせや共有を行う」というのは、まさに対話型論証に他ならない。〈ある問題に対して、他者と対話しながら、根拠（事実・データや論拠）をもって主張を組み立て、結論を導く〉という対話型論証の中にも、これまで多くの例で示してきたように、判断の背後にある事実認識を批判的に組み替えたり、対立意見や異なる意見に対し反駁あるいは調停を行うといった行為が含まれている。

　このような活動やそれを通じて形成される能力は、一見すると汎用的にみえるかもしれないが、その対話型論証を構成する各要素にはそれぞれの学問分野に固有の特性が色濃く映し出される。どんな問題が問うに値する問題なのか、その問題を追求するためにどんな方法（実験、調査、文献解読など）によって事実・データを収集するのか、その事実・データをどんな論拠（概念、原理・法則など）によって解釈するのか、あるいは予想外の事実・データを解釈するのに必要な論拠をどう構築するのか、同じ問題についての対立意見・異なる意見にどのような方法で反駁を加えるか（対立仮説、ランダム化比較実験、言語による反論など）、そうやって支持・正当化してきた主張からどんな結論（事実認識、価値判断、政策提言など）を導くのか――こういった手続きの一つひとつに学問分野に固有の特性がにじみ出る[32]。

　トゥールミンは、「私たちの論証のどんな特徴が場不変的で、どんな特徴が場依存的なのか？」という問いに対して、〈トゥールミン・モデルの論証の型は場不変的（場が異なっても共通）だが、モデルの各要素の中身は場依存的（場によって中身が異なる）〉と考えていた（第3章第4節）。同じように、本書でも、〈対話型論証の型は分野や教科が異なっても共通だが、その各要素の中身は分野や教科によって異なる〉ということができる。汎用性と分野固有性

32）　このような学問分野に固有の特性については、日本学術会議の分野別参照基準を参照していただきたい。これまで33分野で参照基準が作成・公表されている。（http://www.scj.go.jp/ja/member/iinkai/daigakuhosyo/daigakuhosyo.html）

がこのように関係づけられるのであれば、日本学術会議のいう「ジェネリック
スキル」や本田（2008）のいう「柔軟な専門性」も実現しやすくなるのではな
いだろうか。私自身はそれを「分野固有性に根ざした汎用性」と呼んでいる[33]。

　本書をここまで読まれてきた方はおわかりかと思うが、私は、〈ある問題に
対して、他者と対話しながら、根拠（事実・データや論拠）をもって主張を組
み立て、結論を導く〉という対話型論証を、大学教育に限らず、大学を含めた
学校教育に一貫して求められる活動だと捉えている。もちろん、問題や結論の
先行研究に対するオリジナリティ、学問的方法の厳格性などにおいて、大学で
求められる水準は中学校・高校のそれとは異なってしかるべきだ。しかし、対
話型論証の型に大きな違いはない。

3. アカデミック・ライティングの取り組み

　大学で対話型論証の活動を意識的に実践できる最初の場は初年次教育だろう。
以下では、私が8年あまり共同研究を行ってきた新潟大学歯学部での初年次教
育科目「大学学習法」の例を紹介しよう[34]。

(1) 論証モデルを使ったアカデミック・ライティングの指導

　新潟大学歯学部では、学士課程教育を歯科医療従事者としての生涯学習の最
初の段階と位置づけている。とくに、1年生、2年生の段階では、高校までの
知識主体の学習から大学での能動的な学習へ転換する時期として、自ら問題を
見つけ、論理的に思考し、問題を解決する能力を身につけることが求められる。
この実現に向けて学生たちは、1年前期に「大学学習法Ⅰ」、2年前期に「大学
学習法Ⅱ」を履修することになっている[35]。「大学学習法Ⅰ」では、学生自身
が主体的な学習を行うための学習スキルの習得を目的としている。情報リソー
スの使用方法やコンピュータ・リテラシーなどを学びながら、最終的に自分で

---

33)　「分野固有性に根ざした汎用性」については、松下（2019d）を参照していただきたい。

34)　以下、本節の (1)〜(4) は、丹原他（2020）を大幅に加筆修正したものである。

35)　新潟大学歯学部では2年前期にも大学学習法を実施しているので、厳密にいえば、「初年次教育」
　　の域を超えている。

		問題 ・主張の前提となる背景と問題意識 ・そこから設定した問題		
対立意見 ・設定した問題に対する、（あなたとは）異なる立場や意見	論駁 ・対立意見（予想される反論）に対する回答 ＊対立意見に対し、主張を擁護する	主張 ・問題に対する考え ＊論拠、事実・データによって支持され、対立意見（予想される反論）への論駁によって強化される	論拠 ・事実・データを解釈し、主張に結びつける土台となる理由	事実・データ ・論拠を支える具体的な材料
		結論 ・複数の主張を統合して得られる結論、問題に対する答え ＊事実論題、価値論題、政策論題の区別		

図 6-3　新潟大学歯学部で使われている論証モデル

（出典）丹原他（2020, p. 128）より抜粋。

選択したテーマにしたがって、レポートの作成とプレゼンテーションを行っている。一方、「大学学習法Ⅱ」は、主にアカデミック・ライティング能力の涵養に特化した内容としている。これら２つの科目により、学生が段階的に学習スキルやアカデミック・ライティング能力を獲得できるようにデザインされている。そのために授業の全体にわたって使われているのが対話型論証モデルである（以下では、新潟大学歯学部での呼び方にしたがって「論証モデル」と表す）。

　新潟大学歯学部で使われている論証モデル（図6-3）は、最も初期の段階（2012年頃）に作成したものであり、牧野（2008）の「論理のしくみ図」や「十字モデル」にかなり近い形をしている。当初は、「大学学習法Ⅰ」において、小野和宏教授とともにレポート評価のためのルーブリック（評価基準表）を開発する際の理論的土台として使っており、学生に見せることはなかった。その後、2017年度から、2年生向けに「大学学習法Ⅱ」を開設することになり、そこでは、筆者が京都大学の全学共通科目で行っている実践（後述）をふまえて、授業の前半から論証モデルを使ってもらうことにした。そうして、丹原惇助教

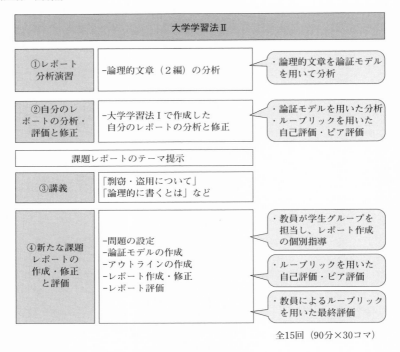

図 6-4　「大学学習法Ⅱ」の授業デザイン

(出典) 丹原他 (2020, p. 127, 図 1) を一部改変。

を中心に、図 6-4 のような授業がデザインされた (丹原他, 2020)。

　授業の内容は大きく、①レポート分析演習、②自分のレポートの分析・評価と修正、③講義、④新たな課題レポートの作成・修正と評価、という 4 つのステップで構成されている。

①レポート分析演習 (第 2 〜 5 時)

　まず、科目の序盤では、「論証モデル」ワークシートを用いてレポート分析演習を行う。このワークシートは、論証モデル (図 6-3) の形や配置はそのままに、7 つのボックスの中に対応する内容を記載できるように各ボックスの余白を大きくしたものである。このワークシートを用いて、論証型レポートのお手本となる小論文 2 編について、学生は各自で分析を行う。小論文は、1 編が

この科目のために教員が作成した文章「演習課題 1：スマホ育児の功罪」、もう 1 編が歯科に関連する学術論文の内容を著者の許諾を得て要約した文章「演習課題 2：飲料水中フッ化物濃度と永久歯う蝕有病状況との関係」である。学生は、書かれている内容が論証モデルのどの項目に該当するかを考えながら読み、各ボックス内に記入してワークシートを埋めていく。その後、完成させたワークシートについて 8 名程度のグループで議論することを通して、レポートの展開についての理解を深化させる。

②自分のレポートの分析・評価と修正（第 6 〜 14 時）

　次いで、前年度の「大学学習法 I」で学生自身が作成したレポートについて、同じように論証モデルを用いて分析演習を行う。その際今度は、論証モデルを土台にして作成した評価基準表である「ライティング・ルーブリック」（後述）を用いてレポート評価もあわせて行う。また、学生相互でもレポート分析とライティング・ルーブリックによるレポート評価を行い、その結果についてグループで議論する。こうして論証モデルの理解を深めるとともに、自分のレポートに不足している部分や指摘された内容をふまえてより論理的な構造をもつレポートに修正する。

③講義（第 16 〜 18 時、第 21・27 時）

　第 15 時に 2 年次の課題レポートのテーマが提示される（1 年次のテーマは「医療や科学の進歩がもたらした諸問題」であり、2 年次のテーマは「現代社

会と歯科医療」であった）。このテーマの内容に関する講義（「超高齢社会の到来は歯科医療に何をもたらしたのか」）と、アカデミック・ライティングに関する講義（「剽窃・盗用について」「論理的に書くとは」）がまず行われ、以降、レポートの作成の進捗状況にあわせて、「アウトラインの作成について」「レポートの仕上げについて」の2講義が行われる。

④新たな課題レポートの作成・修正と評価（第19〜29時）

　授業の後半では、それまでに学習した内容をもとに、新たなテーマでレポートを作成する。テーマに関連した問題を各自で設定し、論証モデルを用いてアウトラインを作成した上で、文章化する。このレポート作成においても、幾度となく自分の描いた論証モデルの内容に修正を加えながら、作業を進めることになる。その間、必要に応じて担当教員からの助言を受け、論証モデルの修正を並行して行いながら、レポートを作成していく。また、論証モデルについて学生同士で議論することで、内容や論理展開について他者の意見を取り入れながらブラッシュアップできるような機会も設けている。最後に、完成したレポートを、ライティング・ルーブリックを使って自己評価・ピア評価する。

　なお、成績評価は、ライティング・ルーブリックを用いて担当教員4名が行い、教員による評価の結果がルーブリックのすべての観点でレベル2以上となることを合格基準としている[36]。

（2）ライティング・ルーブリック
①観点とレベル

　この授業で用いたライティング・ルーブリック（表6-1）は、前にふれたように、この授業の担当教員でもある小野教授と筆者が協働して作成し、改訂を重ねて今に至っている（小野・松下, 2016）。「背景と問題」「主張と結論」「論拠と事実・データ」「対立意見の検討」「全体構成」「表現ルール」の6つの観点と3〜0の4段階のレベルで構成されている。各観点の内容については、表

36）　レベルをそのまま得点化し、各観点の得点の和/18（満点）×100で成績を算出している。全観点レベル2の場合、6（観点）×2点/18×100 = 67点で及第点となる。1観点でもレベル2に達していない場合は、再レポートを提出させ、60点で単位認定する。

中の「観点の説明」を参照していただきたい。初めの4つの観点は、論証モデルの要素をとくに関係の深いものどうし1～2つずつまとめたものである。ただ、それだけではレポート全体の一貫性は保証されないので、「全体構成」という観点を加えた。また、文章表現や研究レポートとしてのルール・規範については「表現ルール」にまとめている。身につけさせたい能力と対応づけると、「背景と問題」「主張と結論」は問題解決に、「主張と結論」「論拠と事実・データ」「対立意見の検討」「全体構成」は論理的思考に、「全体構成」「表現ルール」は文章表現に、とりわけ深く関係しており、観点ごとの評価結果からそれぞれの能力の程度がだいたい把握できるようになっている。

　レベルは、当初、3段階にしていた（松下他, 2013）。しかし、そうすると、真ん中のレベルの幅が広くなり、レポートの質のばらつきが得点のばらつきに反映されないことがわかった。そこで、レベルの数を4段階として、各レベルの記述語（各セルの中の説明）が学生のパフォーマンスの水準をよりよく反映できるように修正した。

　②ルーブリックの使い方

　「大学学習法」でのレポートの評価は、ⅠでもⅡでも複数の教員で行われている。評価に先立ち、ルーブリックに関して共通理解を得るために、ルーブリックの記述語とその意味するところを全員で確認している。その際、前年度の学生レポートのうち、特徴的な、すなわち、採点結果がよかったもの、中等度であったもの、悪かったもの、計3本を採点事例として評価者に配布している。評価基準に関する話し合い（＝キャリブレーション（基準合わせ））の後は、相互に相談することなく各自で採点し、最後に、採点結果について話し合い（＝モデレーション（調整））、評価を確定している。これらは「評価者間信頼性」（＝評価者が異なっても同じか類似の評価結果が出ること）を担保する上で必要な作業である。

　「大学学習法Ⅱ」では、前述のように、学生たちにもルーブリックを提示して、1年次の「大学学習法Ⅰ」やこの「大学学習法Ⅱ」で書いたレポートについて、自己評価やピア評価（クラスメイトのレポートの評価）をやってもらっている。

表6-1　ライティング・ルーブリック

観点	問題解決		
	背景と問題	主張と結論	論拠と事実・データ
観点の説明	与えられたテーマから自分で問題を設定する。	設定した問題に対し、展開してきた自分の主張を関連づけながら、結論を導く。	自分の主張を支える論拠を述べ、論拠の真実性を立証する事実・データを明らかにする。
レベル3	与えられたテーマから問題を設定し、論ずる意義も含め、その問題を取り上げた理由や背景について述べている。	設定した問題に対し、展開してきた自分の主張を関連づけながら、結論を導いている。結論は一般論にとどまらず、独自性を有している。	自分の主張の論拠が述べられており、かつ論拠の真実性を立証する信頼できる複数の事実・データが示されている。
レベル2	与えられたテーマから問題を設定し、その問題を取り上げた理由や背景について述べている。	設定した問題に対し、展開してきた自分の主張を関連づけながら、結論を導いている。	自分の主張の論拠が述べられており、かつ論拠の真実性を立証する信頼できる事実・データが少なくとも一つ示されている。
レベル1	与えられたテーマから問題を設定しているが、その問題を取り上げた理由や背景の内容が不十分である。	結論は述べられているが、展開してきた自分の主張との関連づけが不十分である。	自分の主張の論拠は述べられているが、論拠の真実性を立証する信頼できる事実・データが明らかにされていない。
レベル0	レベル1を満たさない場合はゼロを割り当てること。		

（出典）小野・松下（2016, pp. 32-33）より抜粋。

　実は、ルーブリックを学生に提示するかどうかに関しては、賛否両論がある。評価基準が事前にわかれば、評価に向けて学習するという「傾向と対策」的な浅い学習になるのではないかと心配する教員もいる。しかし一方で、評価基準を示すことにより、学生がレポートを書いていく過程で、どこに注意すればよいか、どうすればよいレポートになるかなど、学生の学習に水路づけを与えることができる。よいレポートの作成に向けて、自分の学習を自己調整していける評価主体として育てる上で、ルーブリックを学生に提示することは一定の有効性をもつだろう。

論理的思考		文章表現
対立意見の検討	全体構成	表現ルール
自分の主張と対立する（異なる）意見を取り上げ、それに対して論駁（問題点の指摘）を行う。	問題の設定から結論にいたる過程を論理的に組み立て、表現する。	研究レポートとしてのルール・規範を守り、適した文章と言い回しを用いてレポートを作成する。
自分の主張と対立する（異なる）いくつかの意見を取り上げ、それらすべてに対して論駁（問題点の指摘）を行っている。	問題の設定から結論にいたる論理的な組み立て、記述の順序、パラグラフの接続が整っている。概要は本文の内容を的確に要約している。	・研究レポートとして適した文章と言い回しを用いてレポートを書いている。 ・引用部分と自分の文章の区別を明示し、引用部分については、レポートの最後に出所を確認できる形で参考文献を記載している。 ・概要、本文ともに字数制限が守られている。 ＊3つの条件をすべて満たす場合は「レベル3」、2つの場合は「レベル2」、1つの場合は「レベル1」とする。
自分の主張と対立する（異なる）少なくとも一つの意見を取り上げ、それに対して論駁（問題点の指摘）を行っている。	問題の設定から結論にいたる論理的な組み立て、記述の順序、パラグラフの接続がおおむね整っている。	
自分の主張と対立する（異なる）意見を取り上げているが、それに対して論駁（問題点の指摘）がなされていない。	問題の設定から結論にいたるアウトラインはたどれるが、記述の順序やパラグラフの接続に難点のある箇所が散見される。	

　ここで注目していただきたいことは、この授業では、ルーブリックだけでなく、その背後にあるレポートのロジックを論証モデルで示していることである。単にルーブリックを提示するだけでは、ルーブリックは学生に十分理解されず、評価基準を表面的に満たそうとする行動を招きかねない。論証モデルがあるからこそ、なぜこの6つの観点でレポートが評価されるのかを理解することができるのである。

　学生たちはまた、自分のレポートだけでなく、グループ内の他の学生のレポートも、論証モデルやルーブリックを使って分析・評価する。それにより、単

に記述語を読むだけでなく、さまざまな評価事例とつきあわせながらみていくことになり、さらに理解を深めることができる[37]。

(3) 1年次レポートから2年次レポートへの変化

①教員評価と自己評価の得点の変化

さて、このような指導を行った結果、学生のレポートはどう変化しただろうか。1年次と2年次のレポートを、教員評価（教員による評価）と自己評価（学生自身による評価）のそれぞれで観点ごとに比較してみよう[38]。

まず、1年次のレポートでは、教員評価が全観点で目標とする2に達しておらず1程度のものが6観点中4観点あったのに対して、2年次のレポートでは全観点で2を上回っており、1年次から2年次にかけて明らかなレポートの質の向上がみられた。また、教員評価と学生の自己評価とのズレについていえば、1年次のレポートでは、全観点でズレがみられ学生の自己評価のほうが高かったのに対し、2年次のレポートでは全観点でズレがみられなくなった。斎藤他（2017）によれば、教員評価を絶対的に正確な評価とみなすことは危険ではあるが、教員間では評価のズレが小さいことから、教員評価を、エキスパートの鑑識眼を通したより妥当な評価とみなすことができるとされる。したがって、教員評価とのズレの縮小は、学生の自己評価能力が向上したことを意味しているということができる。

以上のように、1年次のレポートと2年次のレポートを比較することにより、レポートの質の向上、および学生の自己評価能力の向上が確認できた。

②学生の感想

レポートの変化は、ルーブリック得点に示されただけでなく、学生自身の成

---

37)　ルーブリックによる評価の理論的主導者であったロイス・サドラー（D. Royce Sadler）は、近年、ルーブリックのような評価基準表の有効性を否定し、教員と学生のコミュニティが作品についての相互評価の繰り返しにより評価基準をボトムアップに作り出すことの必要性を唱えている（Sadler, 2014）。サドラーが評価基準表を否定するに至った理由の一つは、記述語から評価基準を理解することの困難さであった。論証モデルやそれを使ったレポートの分析・評価はそのようなルーブリックの理解しにくさを和らげる効果をもつと考えられる。

38)　ここでは、2017年度「大学学習法Ⅰ」（1年次）、2018年度「大学学習法Ⅱ」（2年次）の両方を受講し、データ提供の同意を得た新潟大学歯学部歯学科2年生39名を対象としている。

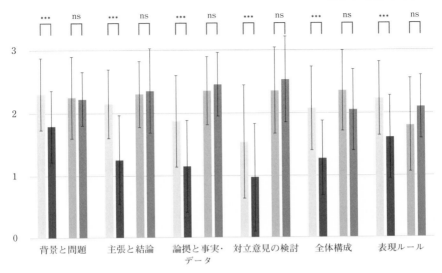

図6-5　1年次と2年次のレポート評価の比較

(注)　***はp＜.001で有意、nsは有意差なし。
(出典)　丹原他（2018）。

長実感も伴っていた。授業後に書いてもらったいくつかの感想を紹介しよう。

・今まで文章を書くときは、とりあえず書きたいことを書く、読み手のことを考えていない文章であったと思います。論証モデルを学んで、読み手のことを考えた、伝わりやすい文章構成が分かってからは、文の組みたて、文章作りが、とても書きやすくなりました。1年生の時の文章を論証モデルにあてはめた時は、ボロボロすぎておそろしかったです……今回のレポートは学んだことを活かして書けていると思います（祈っています）。
・去年、行ったスタディスキルズ［＝大学学習法］でのレポートを見返し、まったく論証モデルが成り立っていなく、それを修正する技術を得ることができ、とても良い講義であった。
・この講義を通して、論証モデルが体に染みついた。昨年度のレポートがいかに土台がしっかりしていなかったかがよくわかり、それを踏まえて、

　　今年度は綿密に考え抜いた上でレポートを書くことができたと思う。

　このように、学生たちは、論証モデルを使ったレポートの分析と修正、新し
いレポートの作成を通じて、1年次から2年次へアカデミック・ライティング
能力の向上と成長を感じとっていた。レポートを書くという評価課題が、単な
る「学習の評価」ではなく、学生を評価主体として育て、評価それ自体が学び
となるような「学習としての評価」として機能していたことを物語っている。

(4)「型」を教えることをめぐって
①トゥールミン・モデルを使ったライティング指導への批判
　トゥールミン・モデルを使ったアカデミック・ライティング指導の例は数え
切れないほど多く存在する。アメリカでは、トゥールミン・モデルはアカデミ
ック・ライティング指導の標準的なツールである。また、トゥールミン・モデ
ルを論証の評価に適用したものもある（Verheij, 2006; Hitchcock, 2006）。
　日本の大学教育では、トゥールミン・モデルをレポートライティング指導に
適用した代表的な例として、認知科学者の鈴木宏昭氏のグループによるものが
ある（鈴木他, 2007; 白石・鈴木, 2009）。たとえば白石・鈴木（2009）では、
大学生に必要とされるレポートライティングスキルを、(a)「問題を発見し、
洗練していくスキル」と（b）「論証の形式を理解し、説得力のある文章を構
成するスキル」に分けて、後者のスキルを身につけさせるための指導と評価に
トゥールミン・モデルを用いている。初年次の演習であり、「駅から学校まで
の一番良い道順について」という課題が与えられたため、(a) のスキルの指導
は除外されている。トゥールミン・モデルに基づいて作成された評価基準は、
主張、データ、基準（保証）（注：論拠のこと）、基準根拠（裏づけ）、反証・
限定、比較（注：複数の提案間の比較）という6つの観点と0～2点の3レベ
ルからなる（白石・鈴木, 2009, pp.42-43）。鈴木らの実践では、学生にトゥー
ルミン・モデルを直接教えるのではなく、「他者のレポートを読む」活動、「相
互レビュー」活動を入れることによって、トゥールミン・モデルの一部（とく
に主張、データ、論拠の必要性）が創発的に理解され、上の評価基準による採
点結果も、そうした活動の事前と事後を比較して有意に上昇したことが報告さ

れている。

　だがその後、鈴木（2017）はこの実践について、「Toulmin の図式に基づいて、主張、データ、保証、裏付け、反証、再反論（限定）などを取り込んだルーブリックでレポートの採点を行うと、確かに各要素目標の達成基準を突破し、合計点も高くなり、レポートとしての体裁は整っているのだが、なんともつまらないものが散見する」（p. 14）と自己批判している[39]。

　「体裁は整っているのだが、なんともつまらない」というのが具体的にどのようなレポートをさすのかがわからないので、詳しく検討することはできないが、考えられる要因として、（これはトゥールミン・モデル自体の問題でもあるのだが）〈問題 – 主張 – 結論〉という問題解決の軸がなく、課題は前もって与えられているために、問題設定と論証を切り離したレポートになってしまっていることが挙げられる（「駅から学校までの一番良い道順について」という課題で、深みのあるレポートを書くのはよほどのセンスが必要だろう）。だが、鈴木のこの議論には、実は、トゥールミン・モデルのような「型」を教えることに対する忌避感が横たわっているように思われる。そしてその忌避感は、少なくない大学教員に共有されているものでもある。

　私は、アカデミック・ライティング指導の初期に「型」を教えることに肯定的な立場である。たとえば学術論文・レポートは、人文学を除き、IMRAD 形式で書かれることが多い。IMRAD 形式とは文章構成の形式の一つであり、Introduction（導入／問題と目的）、Methods（方法）、Results（結果）、And Discussion（考察）の略語から来ている。だが、IMRAD 形式を一律にとっているからといって、その論文が創造性に欠けるかというとまったくそんなことはない（人文学では、論文の形式自体も創造の対象になりうるし、また論述がIMRAD 形式に乗らないことも少なくないので、すべての学問分野が同じとはいえないが）。自然科学や社会科学の分野では、ノーベル賞を受賞した研究者の創造的論文もかなりのものは IMRAD 形式で書かれているはずである。

　「体裁は整っているのだが、なんともつまらない」レポートというのは、「型」

39）「保証 warrant」は本書の論拠、「再反論（限定）qualifier」は限定詞にあたる。鈴木（2009, p. 18）は、qualifier を「反証を踏まえた上で、主張の範囲の限定」と説明しているが、「再反論」と訳すのはミスリーディングだろう。

を使うことに一生懸命で、「型」を使いこなすことや、「型」よりもその中身に目を向けることが、まだできていない未熟なレポートなのではないだろうか。「型」のような制約はうまく使えば、かえって自由な創造を促すものになりうる。

② 「型」を教えることの意義

　現代フランス哲学の研究者である坂本尚志氏は、専門領域や職業を円滑に移動できるような自由な市民の育成は、専門的知識と方法に立脚したある種の「型」の訓練によって可能になるという（坂本, 2017, p. 172）。ここで坂本が想定している「型」の訓練とは、日本の高校にあたるフランスのリセの最終学年で行われる哲学教育である。リセの哲学教育（人文系のコースで週8時間、理系のコースで週4時間の必修科目）が育てるべき能力とは、「問いを導入すること、推論を行なう、あるいは推論を分析すること、ある論拠の価値を評価すること、明確に定義された問いとの関係で妥当な主張を提示し、論じること、概念や難点を説明する事柄を探すこと、二つの観念の間の移行を打ち立てること、あるいは再構成すること、そして結論を練り上げること」（p. 181）である。これが「型」にあたる。

　この「型」は、本書で述べてきた対話型論証ともほぼ重なる。もちろん、両者の間には違いもある。坂本（2012）によれば、バカロレア哲学試験では、ある問題に対して、賛成の立場と反対の立場の両方を展開部分でそれぞれ検討し、それを止揚するような結論を述べることが期待されており、また、論拠では、文献（とくに古典）からの正確な引用が求められる、という。対話型論証では、そこまで限定された「型」は求めていない。

　フランスのバカロレア試験（中等教育修了資格試験であり大学入学資格試験でもある）の哲学科目の試験問題をご覧になったことがあるだろうか。たとえば、2019年の問題（科学部門）[40]は次の3問で、生徒はこの中から1問を選択し、4時間かけて答案を仕上げる。

　1）文化の多様性は人類統一の妨げとなるか。

---

40)　文学部門、経済社会学部門、科学部門の3つに分かれている。

　2）義務を認識することは、自由を放棄することであるか。

　3）ジークムント・フロイト著『幻想の未来』からの抜粋［省略］を解説せ
　　　よ。

　共通テストといえばマークシート式の試験を見慣れた日本人の目からすると、
とてつもない難問に見える。だが、坂本によれば、リセの哲学教育でしっかり
「思考の型」を身につけていれば、それほどの難問ではないのだという。

　このような「型」を学ぶのは、何もバカロレア試験を突破するためではない。
「対立意見を支える論拠にも目配りをし、その内在的論理を理解した上で、自
分の意見を述べ、妥協点を探るといった、市民社会の意思形成において不可欠
な過程に参画するための思考力、表現力」（p. 183）だからこそ、それをリセ
の哲学教育は育てようとしているのである。

　とはいえ、日本の高校教育でリセの哲学教育と似たようなものを行うことは
困難だろう。やはり大学の初年次教育、あるいは教養・共通教育の課題になる
のではないだろうか。坂本の場合は、薬科大学の2年次配当の科目「人間学」
の中で「思考の型」を身につけさせる授業を行っている。

4.　初年次セミナー「学力・学校・社会」

(1)「学力・学校・社会」の授業内容

　私自身は、京都大学の初年次セミナー[41]「学力・学校・社会」の中で、対話
型論証モデルを使って教えている。この授業は1年前期に開講される定員10
名の全学共通科目で、その目標は次の2つである。

・内容に関する目標：学力・能力を軸として、学校（大学を含む）と社会の関
係、学校から社会への移行のあり方について考え、自分なりの見方をもつ

・能力に関する目標：批判的に読み、論じ、書くことができるようになる

　前半は講義とディスカッション、後半はプレゼンテーションで構成され、学
生はプレゼンテーションの質疑応答をふまえて、最終レポートを提出する（表
6-2)[42]。

---

41)　正式名称は「ILAS セミナー」。ILAS は教養・共通教育を提供している京都大学国際高等教育院
　　の略称である。

表 6-2　「学力・学校・社会」の授業計画

回	内　　容
■前半：講義とディスカッション	
	（授業のテーマについての大まかな見取り図をもつ。講義だけでなく、各論点についてのディスカッションも織り込む。）
第 1 回	オリエンテーション／学力と能力—京大生の場合—
第 2 回	「大学生の学力低下」？
第 3 回	PowerPoint 実習（自己紹介）
GW 中	映画『ガタカ』を見る（第 8 回の予習）
第 4 回	世紀末学力論争の構図
第 5 回	対話型論証を学ぶ
第 6 回	学力とは何か？　学力はどう測られるか？
第 7 回	大学入試と教育格差
第 8 回	エンハンスメントは許されるか？
第 9 回	情報検索実習＋問題設定
第 10 回	後期近代社会における能力
■後半：プレゼンテーション	
	（前半の講義で取り上げた論点（それに関連する論点も含む）のうち、自分の関心ある論点を選び、自らリサーチした内容について発表する。）
第 11 回	プレゼンテーション①
第 12 回	プレゼンテーション②
第 13 回	プレゼンテーション③
第 14 回	まとめ／レポートについて
フィードバック	レポート提出後、個別にフィードバック

（2）対話型論証を学ぶ

　対話型論証を学ぶのは、第 5 回である。最初に、対話型論証モデルの原型（図 1-1）によって、このモデルの意味するところを理解した後、事前学習で読んできた苅谷剛彦氏の学力格差についての論文（苅谷, 2000）や三浦朱門氏のインタビュー記事（斎藤, 2000）[43]を、ボックス型の対話型論証モデルを使って、批判的に読み解く作業に取り組む。図 6-6a は、苅谷論文について学生 A が分析したものである。資料として与えたのは苅谷論文の後半部分のみだ

42）　2020 年度前期は新型コロナウイルスの影響で、授業の正式開講日が GW 明けとなったので、順序を少し入れ替えたが、計画していた内容はすべて実施した。

ったので、〈問題〉はあらかじめ記入しておき、後はボックスの中に書き込ん
でもらった。

　新潟大学歯学部で用いているモデル（図6-3）と比べると、左右が逆になっ
ており、「論駁」ではなく「反駁」を使っているという違いがある。前にもふ
れたが、新潟大学のモデルは最も初期のもので、牧野の「論理のしくみ図」や
「十字モデル」の影響がまだ強い。その後、トゥールミン・モデルや三角ロジ
ックとのつながりがよりわかりやすくなるよう、対話型論証モデルの原型を作
成し、私自身の授業では、ワークシート用に図6-6aのモデルを用いている。
このモデルの強みは、手書きもできるシンプルさにある。高槻中高では、より
原型に近いものを書き込み可能な形式に直して授業・学習用に使っているが、
原型で意味を理解した後であれば、図6-6aのようなシンプルなモデルでも差
し支えない。

　ちなみに、私自身が同じ論文に対して作成した対話型論証モデルは、図
6-6bのようなものであった。

　両者の最も大きな違いは、〈論拠〉にある。学生Aは、「・学習意欲の全般
的な低下　・学習意欲の階級格差の拡大」を論拠に挙げているが、これは論拠
というよりも、〈事実・データ〉の解釈であり、むしろ〈主張〉に置かれるべ
きである。実際、図6-6aでは〈論拠〉と〈主張〉にほとんど差がない。一方、
私の方は、〈論拠〉を「・母学歴は社会階層を反映している。　・2つの県の11
高校の高校生の変化は、日本全体の高校生の変化を反映している。」とした。
〈事実・データ〉にもとづいて〈主張〉を行ったときに、「なぜそう言えるの
か」という問いに対して、「なぜならば…」と答えるのが〈論拠〉だからであ
る。この〈論拠〉の正しさをさらに問われるならば、〈裏づけ〉となるような
事実（社会階層の指標としての父学歴と母学歴の違い、2県11校の代表性な
ど）を示さなければならないだろう。

　〈事実・データ〉と〈論拠〉の区別は、（トゥールミン・モデルでもそうだ

43）　三浦朱門氏は、学力低下論争のきっかけにもなった1998年版学習指導要領につながる答申を出
　　した教育課程審議会の会長であった。このインタビュー記事は、「限りなくできない非才、無才
　　には、せめて実直な精神だけを養っておいてもらえばいいんです」という発言で話題になった（斎
　　藤, 2000）。

事実・データ	論拠	主張	反駁	対立意見
·高校生を対象とした調査結果	·学習意欲の全般的な低下 ·学習意欲の階層格差の拡大	·ゆとり教育によって、学力は全般的に低下しただけでなく、学習意欲の階層格差をも拡大させた。	·データによれば、子どもの学習意欲は社会階層に強く結びついている。	·ゆとり教育は個性を尊重しており、学習意欲や関心・興味を増進させる。

問題
·背景：77年・89年の学習指導要領改訂によるゆとり教育の導入
·ゆとり教育は何をもたらしたのか（成功したのか）？

結論
·ゆとり教育は失敗した

図 6-6a　対話型論証モデルを用いた苅谷論文の分析（学生 A）

が）対話型論証モデルでも最も説明を要する部分である。

（3）対話型論証モデルを使って、批判的に読み、論じ、書く

　第 8 回では、マイケル・サンデル（Michael Sandel）の著書『完全な人間を目指さなくてもよい理由―遺伝子操作とエンハンスメントの倫理―』（サンデル, 2010）の第 1 ～ 3 章を事前学習文献として、「エンハンスメントは許されるか？」という問題を扱った。「エンハンスメント」とは、健康の維持や回復に必要とされる以上に、人間の形態や機能を改善することをめざした介入（とくに治療目的でない医学技術の行使）のことである。たとえば、遺伝子操作、スマートドラッグ、ドーピングなどがエンハンスメントにあたる。この問題について考えるために、ゴールデンウィーク中には、遺伝子操作により管理された近未来社会を描いた SF 映画『ガタカ』[44]も見てもらった。

　一般にエンハンスメントを批判する際の論拠には、安全性（エンハンスメン

44）　タイトルの Gattaca は、DNA の基本塩基である guanine（グアニン）、adenine（アデニン）、thymine（チミン）、cytosine（シトシン）の頭文字をとって作られている。

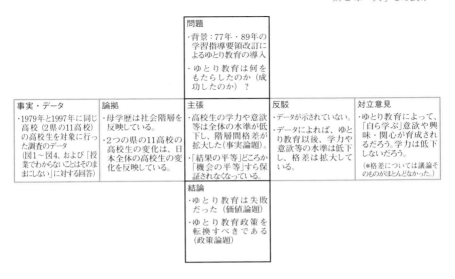

図6-6b　対話型論証モデルを用いた苅谷論文の分析（松下）

表内テキスト：

問題
・背景：77年・89年の学習指導要領改訂によるゆとり教育の導入
・ゆとり教育は何をもたらしたのか（成功したのか）？

事実・データ
・1979年と1997年に同じ高校（2県の11高校）の高校生を対象に行った調査のデータ（図1〜図4、および「授業でわからないことはそのままにしない」に対する回答）

論拠
・母学歴は社会階層を反映している。
・2つの県の11高校の高校生の変化は、日本全体の高校生の変化を反映している。

主張
・高校生の学力や意欲等が全体の水準が低下し、階層間格差が拡大した（事実論題）。
・「結果の平等」どころか「機会の平等」すら保証されなくなっている。

反駁
・データが示されていない。
・データによれば、ゆとり教育以後、学力や意欲等の水準は低下し、格差は拡大している。

対立意見
・ゆとり教育によって、「自ら学ぶ」意欲や興味・関心が育成されるだろう。学力は低下しないだろう。
（*格差については議論そのものがほとんどなかった。）

結論
・ゆとり教育は失敗だった（価値論題）
・ゆとり教育政策を転換すべきである（政策論題）

トは健康を損なう）や公平性（エンハンスメントを行った者とそうでない者は公平に競争できない）、さらに行為主体性（エンハンスメントは、努力や意志によって何ごとかを達成するという人間らしい行為主体性を蝕む）などが挙げられるが、サンデルはそれらの不十分さを指摘した上で、エンハンスメントによって、「生の被贈与性」への理解・感覚が失われることを挙げている。「生の被贈与性（giftedness of life）」とは、「われわれが自らの才能や能力の発達・行使のためにどれだけ労力を払ったとしても、それらは完全にはわれわれ自身の行いに由来してもいなければ、完全にわれわれ自身のものですらないということを承認すること」（サンデル, 2010, p. 30）である。つまり、エンハンスメントが、「人間本性も含めた自然を作り直し、われわれの欲求を満たしたい」という支配への衝動に突き動かされていることこそが問題だというのである。

　エンハンスメントというテーマは学生の関心を呼び起こしたようで、後半のプレゼンテーションでは、2人の学生がこのテーマを取り上げた。プレゼンテーションは、一人25分の持ち時間で、PowerPointを使って12分程度の発表を行い、残り時間で質疑応答を行う。そこでの質疑応答や授業後に書き込まれ

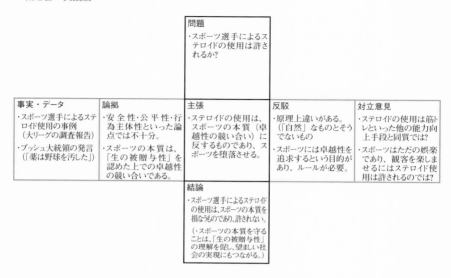

図6-7　レポートのために作成した論証モデル（学生A）

たクラスメイトからの感想・意見をふまえて、発表内容を練り直して最終レポートを書く。このプレゼンテーションや最終レポートを組み立てる際にも対話型論証モデルを使う。

　図6-7はエンハンスメントをテーマに取り上げて、「スポーツ選手によるステロイド使用の是非」という問題を設定した学生Aのモデルである。学生Aは、サンデルの主張に深く賛同しているが、単に本の内容を整理したにとどまらず、「行為主体性」をエンハンスメント批判の論拠としたレオン・カス編の『治療を超えて―バイオテクノロジーと幸福の追求―』（カス, 2005）も読んだ上で、論証モデルにそって自分なりにロジックを組み立て直していた。最終レポートの結論部を引用しよう。

> 　スポーツ選手によるエンハンスメントとしてのステロイドの使用が許されるか否かという問題に対して、私は、許されないという立場をとっている。だが、この決断自体はさほど重要でない。大部分の人が同様にステロイドの使用に否定的な立場をとるであろう。重要なのは、それが許されない理由である。我々の直観に合致した理由付けを行う

には、安全性と公平性の論点だけでは不十分であることを確認した。また、選手の行為主体性を損ねる、つまり、選手がスポーツの本質である努力をすり抜けてしまうからステロイドの使用は許されないという見解は、スポーツの本質ないし目的を履き違えていると指摘した。そして、スポーツの本質は卓越性を競い合う点にあるという結論に至った。努力か才能によるものかにかかわらず、個々のスポーツにおいて問われている能力を高い水準で発揮することがアスリートに求められていることだ。この卓越性の競い合いというスポーツの本質を実現するには、自然な能力の涵養・発揮が不可欠である。なぜなら、自然でない手段を用いて獲得された能力は、最早評価に値する卓越性ではないからだ。この点に鑑みると、ステロイドの使用は自然でない能力向上の手段であり、スポーツの本質に反する。したがって、スポーツ選手がステロイドを使用することは許されないのである。

　なお、卓越性の競い合いを本質とするスポーツは、その副産物として「生の被贈与性」に対する理解を促す効果を持つと述べたが、このことはどのような意味合いを持つか。それは、社会における健全な道徳の形成につながる。個人の能力が少なからず運に委ねられていることを理解している者は、運に恵まれなかった他者の境遇に同情することができる。そのため、個人に責任を押し付けるのでなく、社会全体が連帯して構成員一人一人に配慮する社会の在り方が実現される。端的に言えば、生の被贈与性に対する理解は、社会に連帯を生む。そのような望ましい社会の在り方を実現する効果を少なからず持つという意味でも、スポーツは意義のある活動である。

　後で知ったことだが、石井洋二郎・藤垣裕子『続・大人になるためのリベラルアーツ：思考演習12題』（石井・藤垣, 2019）でも、「速く走れる人間をつくってもよいか」が思考演習のテーマとして取り上げられている。そこでも、議論は「自然とは何か」という問いに行き着いており、石井は、「スポーツにおいてはいっさい加工されていない『自然な』身体をもって競うことが求められるのであり、遺伝子操作によって恒久的に特定の能力を増進させるなどという行為は論外ということになる」（p. 62）と述べている。

　さて、この授業では、プレゼンテーションに先立って、PowerPoint実習、情報検索実習を行っている（表6-2）。京大に入学してくる学生はもちろん大学入試で高い成績を収め、一定の学力基準を満たしているはずだが、実際に授

業で出会う学生をみていて近年とくに強く感じるのは、そうした学力以外の能力差が広がっているということである。SSH や SGH などで、高校時代からすでに研究に近い探究活動を行い、トゥールミン・モデルも学び、英語によるプレゼンテーションまで経験したことのある学生もいれば、昔ながらの参考書・問題集、予備校の授業などで受験勉強だけを必死にやって入ってくる学生もいる。PowerPoint 実習や情報検索実習を組み込んでいるのは、大学での学びや成果物の作成に求められるスキルを、履修している学生全員に教えることにより、特定の学生だけが「ヘッドスタート」（優先スタート）を切るのではない、そういう仕組みを作りたかったからである。第 3 回の PowerPoint 実習は、自己紹介スライドを作ることになっていて、学習コミュニティ作りにもつながっている。プレゼンテーションを行うのに別に PowerPoint を使う必然性はないのだが（実際、学会発表などではプレゼンテーションソフトを使わない人も少なからずいる）、私自身は、「使う」「使わない」を自己選択できるためにも、まずは「使える」ようになってほしいと思って、この実習を取り入れている。

　最終レポートを作成するにあたっては、授業の最終回にライティング・ルーブリック（表6-1）を提示して説明するが、「表現ルール」以外は、すでに繰り返し使ってきた対話型論証モデルを通して理解されているので、さらりとした説明ですんでしまう。「表現ルール」も、第9回の情報検索実習で学んだことの復習である。

　このように、本授業では、対話型論証モデルが、学力・能力をめぐる概念や理論を土台としながら「批判的に読み、論じ、書くことができる」ようにするためのツールとして使われている。この授業の後も、学生が大学で、また社会に出て学び続ける際に、大学生活の最初に出会ったこの考え方を活かしてくれることを願っている。

対話型論証モデルの可能性

1. 知識はどこに？

　本書の「まえがき」で私は、対話型論証の中には、私たちがこれまで教育目標のリストに掲げてきた「問題解決」「論理的思考」「批判的思考」「コミュニケーション」などが含まれていると書いた。これらは多くの場合「スキル」とか「能力」と呼ばれているものだ[45]。では、知識はどこに位置づくのだろうか。

　対話型論証モデルでは、知識は、〈事実・データ〉にも、〈主張（結論）〉にも、また〈論拠〉にも組み込まれうる。

　まず、〈事実・データ〉の場合だ。この例としては、新潟中・山田先生の「明治維新」の授業を挙げよう。第2代新潟県令楠本正隆の開化政策を評価するという問題に対して、生徒たちはそれまでの追究活動で明らかになった「廃藩置県・地租改正」「学制公布・殖産興業」「文明開化（人々の生活）」「文明開化（町の様子）」を〈事実・データ〉として、楠本の政策を評価した。生徒たちの意見はこれらの〈事実・データ〉によって支えられていた。

　また、〈主張（結論）〉が知識となることもある。高槻中・奥野先生の授業では、最初、仮説であった「DNAは半保存的に複製される」という命題が、「メセルソンとスタールの実験」の追体験を通じて、他の仮説（DNAは全保存的

---

45)　「スキル」と「能力」の関係については、松下（2016, 2019b）を参照。

／分散的に複製される）に反駁するなかで、仮説から〈主張（結論）〉に変わっていった。こうして得た〈主張（結論）〉は、今度は〈事実・データ〉や〈論拠〉になることもある。たとえば、山田先生の授業では、楠本が新潟で行った開化政策の中身や、それが人々に反発されたり財政負担を強いていたりしたという知識を、生徒たちは、それまでの追究活動において一次資料を読み解くことで得ていた。そこでは、これらの知識が〈主張（結論）〉の位置にあったはずだ。それが次の時間には、〈事実・データ〉として使われたのである。

　最後は、知識が〈論拠〉として現れる場合だ。きわめて意識的にこれを行っていたのが理科の仮説実験授業である。最初は、「燃える＝原子の一部がなくなる」という誤概念が予想（主張）の論拠になっていたのが、問題と実験を繰り返すなかで、「燃焼とは物質の原子と酸素の原子が結びついて熱と光が出ることだ」という科学的概念に置き換えられていく。知識が〈論拠〉として獲得されたのである。鳥取東高・荻原先生の「じぶんの作り方のレッスン」の授業では、生徒が、3編のテクストをつなぎあわせて「ほんとうの自分とは？　自分はどうかたちづくられていくのか？」という問いについて答えようとしていた。そこでは3編のテクストの共通性として見出された7つのタグが、この問いについて考える上で必要な概念として機能し、テクストを解釈するための〈論拠〉となっていた。さらに、高槻高の「日米の大学入試改革と教育格差問題」の授業では、〈論拠〉とされた公平性概念の違いが、「大学入試において住む地域や家庭の経済状態に応じて点数を加点すべきか否か」という問題に対する賛否を分ける要因になっていた。受験者を一律同じに扱うのが公平なのか、競争の条件に差があるのだからむしろそれを考慮して異なる扱いをするのが公平なのか、という対立である。ある生徒の〈結論〉は、点数は一律同じに扱うべきだが、その前の段階で競争の条件をなるべく等しくするような対策を取るべきだというもので、公平性について一段考えを深めたことがうかがえた。

　このように、対話型論証では、知識は、〈事実・データ〉〈主張（結論）〉〈論拠〉のいずれの形でも活用・構築されうる。「生きて働く知識」となるのである。

　こうした方法は、まず知識を教えてそれから考えさせるというやり方とは異なっている。第2章第2節で紹介したスタンフォード歴史教育グループのワイ

ンバーグら（Wineburg & Schneider, 2009）は、この点でブルーム・タキソノミー[46]を批判する——世界中に普及しているブルーム・タキソノミーでは、左図のように知識がピラミッドの一番下に置かれている。教師は、分析・総合・評価という高次のレベルに行くには、知識のデータベースが必要なのだと考える。しかし、ワークシートの中で提供されるような知識が高次の思考への道を開くとは限らない。歴史学とは、不完全な断片から過去を再構築するプロセスを通じて問題について考えるやり方だ。ブルーム・タキソノミーでは、思考とは確定された知識をもとに判断を下すことを意味しているが、歴史学では、問いを立て断片をつなぎ合わせて知識を紡ぎ出すことこそが思考なのである。ブルーム・タキソノミーを逆さまにしよう——。

　このワインバーグらの主張は、ブルーム・タキソノミーが〈まず知識、それから思考〉という教え方の理論的土台になってきたことを示している。現在の「改訂版ブルーム・タキソノミー」では、この点は修正されたが、一番土台には「記憶する」が置かれ、〈まず記憶、それから思考〉に変わっただけのようにも見える。

---

46)　ブルーム・タキソノミーとは、ブルーム（Bloom, B. S.）らによって開発された「教育目標の分類学（taxonomy）」のことである。ブルーム・タキソノミーはもともと、大学教育においてテスト項目等を作成する際の理論枠組みとして開発されたものであり、認知領域（1956年公表）、情意領域（1964年公表）、精神運動領域（未完）の3領域からなる。このうち、最も影響力があるのは認知領域のタキソノミーである。ブルーム・タキソノミー（認知領域）はその後、認知心理学などの成果を取り入れながら、ブルームの教え子や共同研究者たちの手で修正され、「改訂版ブルーム・タキソノミー（Revised Bloom's Taxonomy）」が作られている。改訂版の大きな特徴は、オリジナル版では低次の認知におかれていた「知識」を、認知過程とは独立した次元として位置づけ直した点にある。詳しくは石井（2011）参照。

　対話型論証モデルでは、知識が〈事実・データ〉や〈論拠〉であるだけでなく〈主張（結論）〉に位置づけられることもあること、知識を活用するだけでなく対話型論証を通じて知識が構築されることもあることを明確に示すことができる。

2.　対話はどこで？

　ある研修会の終了後、参加者の一人から、「対話型論証という名前がついていますが、対話はどこで行われているのですか？」と質問されたことがある。自分としては、研修会の中で取り上げた事例にはさまざまな対話が含まれていると考えていたので、一瞬、虚をつかれた思いがした。が、あらためて考えてみると、「対話」を「二人の人が向かい合って話をすること」と捉えていれば、確かにそのような「対話」についてはあまりふれなかったなと思い至った。

　「主体的・対話的で深い学び」というときの「対話的な学び」は、「子供同士の協働、教職員や地域の人との対話、先哲の考え方を手掛かりに考えること等を通じ、自己の考えを広げ深める『対話的な学び』」（中央教育審議会, 2016, p. 50）と説明されている。つまり、対話には音声に出して他者（他の子ども、教師、家族や学校外の人たちなど）と行う対話だけでなく、本を読みながら著者と交わす対話、自分自身との内的対話なども含まれるのである。

　「対話型論証」には、これらさまざまな対話が埋め込まれている。

　まず、大きな対話構造は、「対話型論証モデル」という名称の直接の由来となった〈主張〉を行う自分（たち）と〈対立意見〉をもつ他者との間の対話である。「自分と異なる意見の相手と対話する。それこそ、論理が要求されるもっとも重要かつ典型的な場面である」という野矢（2001）の言葉を思いだそう。たとえば、新潟中・山田先生の「明治維新」の授業はこのような対話の好例である。あの授業では、楠本正隆の開化政策に対する意見が、賛成・反対の二値ではなく、〈100％支持—70％支持—40％支持—0％支持（支持しない）〉という連続体の中に位置づけられることで、生徒間の価値観の微妙な差異があぶり出されていた。

　もっとも、対立的な対話の相手はいつも目の前の他者だとは限らない。鳥取

東高・荻原先生の「わが身ひとつ」の授業の場合、対立意見をもつ他者は文学史上の人物である正岡子規だった。また、高槻中・奥野先生の授業では、DNA の全保存的複製や分散的複製という考えをもつかもしれない他者に対して、実験で得た事実をもとに反駁することが求められた。

　大きな対話構造の下で対立するときだけでなく、もちろん、協働するときにも対話は行われる。荻原先生の授業では、4 人一組の班の中で、また、同じ歌を与えられた他の班の生徒との間で、歌の解釈を交流しあう協働的な対話が展開されていた。

　ここでも、協働の相手は目の前の生身の人間だけではない。荻原先生の「じぶんの作り方のレッスン」で、生徒は、あわせて 3 種類のテクストの著者と対話し、文章の中から聞こえてくる彼らの声をつなぎあわせながら問いに答えようとしていた。京大の私の授業では、エンハンスメントの是非という現代の大きな問題に対し、サンデルと協働しながら、エンハンスメント肯定派に対峙する学生がいた。

　対話の理論で知られるロシアの言語学者バフチン（Bakhtin, M. M.）は、こう述べている。

　　　わたしの外にあって向かい合っている人物の全体をわたしが観察するばあいに、実際に体験されるわたしと彼の具体的な視野は一致しない。［中略］わたしたちがお互いに見合うとき、わたしたちの瞳には二つの異なる世界が映っている。（バフチン, 1999, p. 145）

　世界中に誰一人として自分と同じ「視野」をもつ人間はいない。その視野から生まれる世界の解釈も異なってくる。このように、バフチンにとって、対話（ダイアローグ）とは、他者との「分かりあえなさ」から立ち現れてくる概念であった。桑野（2008）は、このようなバフチンの対話原理を、「ともに声をだすこと＝協働」と「さまざまな声があること＝対立」の両面が成立することと捉えた（p. 17）。そして、この原理は、目の前の人と向かい合って話をするという行為だけでなく、本を読むというような行為にも適用されるのである（田島, 2014）。

対立的な対話—協働的な対話、生身の人間との対話—著者との対話。このような多様な対話は、対話型論証の中にも重層的に組み込まれているのである。

3.「型はめ教育」か？

本書にはいろいろな対話型論証モデルが出てくる。しかも、それをワークシートとして使ってもらってもいる。これを見て、生徒・学生の思考をこのモデルに「型はめ」しているだけではないかと思われた方もいるかもしれない。第6章第3節の「『型』を教えることをめぐって」でも扱ったが、ここであらためて「型はめ教育」という問題について取り上げることにしよう。

「型」とは何だろうか。教育学者の生田久美子氏は、伝統芸道（茶道、歌舞伎、日本舞踊など）や武道などの「わざ」を習得するプロセスにおいて「形（かた）」と「型」を区別した上で、「伝統芸道における『わざ』の習得の究極目標は『形』の完璧な模倣を超えた『型』の習得であり、各伝統芸道の世界では独自の方法で『型』の伝承に力を注いできた」（生田, 1987, p. 23）と述べている。

「わざ」の習得は、師匠のわざの模倣と繰り返しによって行われるが、その中で、弟子は、師匠の示す「形」の意味を自ら解釈しながら、「形」の模倣を超えて自らの主体的な動きにしていく。それが「型」である。この「型」を身に付けることでこそ、弟子は「わざ」を伝承しつつも、独自の芸風を作り上げていくのである。

「型」の必要性を説いたものとしてよく引用されるのが、18代目中村勘三郎の「型があるから型破り、型がなければ形無し」という言葉だ。これは勘三郎があるテレビ番組の対談で心に残る言葉として挙げたものだが、もとはといえば、生活綴方の実践家であった無着成恭氏がラジオの子ども電話相談室で、「型破りと形無しの違いはなんですか？」という質問に対し、「そりゃあんた、型がある人間が型を破ると『型破り』、型がない人間が型を破ったら『形無し』ですよ」と答えたことに由来するという。

伝統芸道や武道の世界は、本書で扱ってきた学校教育とはかけ離れていると思われるかもしれない。しかし、「型」を身につけることの必要性は、学校教育にもあてはまる。第3章第1節でも挙げた日米仏の言語教育の比較研究の中

で、渡辺（2006, 2007）は、日本の小学校では、学校行事と読書感想文が作文の課題で与えられ「思ったままをそのまま書きなさい」と指導されるのに対し、アメリカの小学校では、小論文（essay）と創作文（creative writing）の文章様式について、徹底的に型（規範）を模倣させる訓練が行われると述べている。ところが、できあがった作文をみると、日本の生徒の作文は、どれも驚くほど似通っているのに対し、アメリカの生徒の作文は、各自が書く目的に応じて様式を選び（ときには複数の様式を組み合わせ）、そこに個別の意見が主張される多様な作文になっているという。ここには、「『自由』を重視している方が結果的に『規範』にとらわれ、『規範』を重視している方が結果的に『自由』な多様性を生む、というパラドックス」（渡辺, 2006, p. 24）が見られるのである。一方、フランスの場合は、リセの最終学年（日本の高校3年）で本格的に書く訓練が行われるが、ここでも「正・反・合」という弁証法の型が徹底的に指導される（第6章第3節参照）。このような比較研究から、渡辺（2007）は、「自由に表現するためには、その前提としていくつもの様式の習得、つまり型の訓練が必要不可欠なのである」（渡辺, 2007, p. 612）と結論づけている。「型はめ教育」というと、「型」にとらわれて身動きがとれなくなるという印象を与えるが、実は、「型」がある方が自由な発想が生まれやすくなるというこの知見は示唆に富んでいる。

　本書で論じてきた対話型論証も、このような「型」にあたると私は考えている。図1-1で対話型論証モデルの原型を示したが、実践を進めるなかで、そこからさまざまなバリエーションが生まれてきた（第3章第2節参照）。それらのバリエーションは、各教科や総合学習、中学校から大学まで、数多くの場（field）で用いられている。この「型」があることによって、むしろ、多様な思考や判断、表現がしやすくなるのである。

　生徒・学生が対話型論証という型を習得しようとする際にカギになるのは、教員や先輩・同輩など、自分が信頼を置き、「善いもの」とみなしている人がそれを見事に使いこなしている様子を目の当たりにし、それを模倣することである。これは「わざ」の習得では「威光模倣」と呼ばれている（生田, 1987）。そうだとすると、授業や発表会などで教師や先輩・同輩が対話型論証を見事に使いこなしている様子を見せることが重要になってくる。

　本書で実践を紹介した先生方は、すでに対話型論証を見事に使いこなしている大人である。あの先生はなぜあんなふうに授業を組み立てられるのか。対話型論証モデルはそんな学びのデザインの秘密を解き明かしてくれるものでもある。

あとがき

　大学1年前期のセミナーを担当しているせいか、自分が大学に入学した頃のことをよく思い出す。私は福岡の片田舎育ちで、塾にも予備校にも通わず、地元の公立高校を卒業して京都大学に入った。受験勉強をしている頃は、なるべく知識を理解した上で覚えようとはしていたが、それでも記憶すべきことが多くて、頭を振ると、せっかく覚えたことがぽろぽろとこぼれ落ちていきそうな気がした。

　大学に入学してどんな授業科目を履修するかというときに、目に入ってきた科目名の一つが「論理学」だった。受験勉強でこまごまとした知識は得たが、大学では自分の頭を働かせる際の枠組みというか軸というかそんなものを学びたいと思っていた。だが、授業に出てすぐに期待は打ち砕かれた。論理学の歴史を遡って誰がどんな論を唱えたかを説明するという、そんな講義だったからだ。今なら価値がわかるのかもしれない。だが、当時の私には少しも魅力的に見えなかった。2、3回で授業に出るのをやめた。

　2016年度から自分自身が大学1年前期のセミナーを担当することになって、「自分の頭を働かせる際の枠組みというか軸というかそんなもの」を学生にも学んでほしいと思うようになった。トゥールミン・モデルのことは知ってはいたが、それをアレンジしたモデルを意識的に教えるようになったのは、2017年度からだ。対話型論証モデルの下敷きになった十字モデルの開発者である関西大学の牧野由香里さんが、この年に早世されたことも関係している。道半ばで倒れた彼女の仕事を、自分なりに発展させていきたいと思った（彼女からは「勝手なことしないで」と叱られるかもしれないが）。

　2018年度からは、アドバイザーを務める高槻中学校・高等学校の研修でも紹介し、その実践の中からさまざまなバリエーションが生まれていった。また、以前より共同研究をさせていただいている新潟大学歯学部でも、2017年度から、

2年次のアカデミック・ライティングの授業で、対話型論証モデルを使った指導が本格的に始まり、データを継続的に収集してくださっている。それらの成果については、本書で紹介したとおりである。

　本書の執筆にあたっては、すでに発表してきた以下の論考を参照した。ただし、いずれも大幅な加筆修正を行っており、ほとんど書き下ろしに近い。

第5章第1節
・松下佳代（2019）「対話型論証で教科の枠を越えた学びを創る」『国語教育』第839号, 8-11.

第5章第2節
・松下佳代（2019）「深い学びを促す対話型論証」新潟大学教育学部附属新潟中学校研究会編『「主体的・対話的で深い学び」をデザインする「学びの再構成」』東信堂, pp. 2-5.

第6章第2節
・丹原惇・斎藤有吾・松下佳代・小野和宏・秋葉陽介・西山秀昌（2020）「論証モデルを用いたアカデミック・ライティングの授業デザインの有効性」『大学教育学会誌』第41巻第2号, 125-134.
・小野和宏・松下佳代（2016）「初年次教育におけるレポート評価」松下佳代・石井英真編『アクティブラーニングの評価』東信堂, pp. 26-43.

　本書の執筆にあたっては、高槻中学校・高等学校の前田秀樹先生をはじめとする先生方や生徒のみなさん、TAを務めている京都大学大学院教育学研究科院生の田中孝平さんから、大きな刺激とヒントをいただいた。また、新潟大学歯学部の小野和宏先生、丹原惇先生、新潟大学経営戦略本部の斎藤有吾さんとは、「同志」ともいえる関係で、長年にわたってともに実践と理論を創ってきた。いつも生き生きとした深みのある実践報告で驚かせ、今回も多くの実践資料を提供してくれた鳥取の高校教師荻原伸さんにも感謝したい。本書がまとめられたのは、これらの方々との日々の交流のおかげである。

　本書のカバーには、私の好きなアンリ・マティスの作品から「ポリネシア、空」を使ってもらった。私の手元にある解説には、「この作品においては、ブルーの濃淡で市松模様をなす背景に、より大きな姿の鳥や魚が舞っており、スタティックな背景の構造との対比で、鳥や魚のより自由な躍動感が強調されて

いる」（国立西洋美術館『マティス展』p. 235）と書かれている。対話型論証モデルというスタティック（静的）な構造を土台に躍動的に思考してほしい、という願いを込めた。

　最後に、いつも応援してくださり、今回もコロナ禍の慌ただしさの中で執筆の遅れがちな私を温かく見守り、装丁でも私の希望をかなえてくださった勁草書房編集部の藤尾やしおさんにお礼を申し上げたい。

　2021 年 1 月

松下　佳代

文献

Aberdein, A., & Dove, I. J. (2013). *The argument of mathematics.* Dordrecht: Springer.

青木滋之 (2016)「拡張型のトゥールミンモデル―ライティングへの橋渡しの提案―」『会津大学文化研究センター研究年報』第23号, 5-24.

バフチン, M. M. (1999)『「行為の哲学によせて」「美的活動における作者と主人公」他：一九二〇年代前半の哲学・美学関係の著作』（伊東一郎・佐々木寛訳）水声社.

ブレイディみかこ (2019)『ぼくはイエローでホワイトで、ちょっとブルー』新潮社.

Chin, C., & Osborne, J. (2010). Supporting argumentation through students' questions: Case studies in science classrooms. *The Journal of the Learning Sciences, 19*(2), 230-284.

中央教育審議会 (2008)「学士課程教育の構築に向けて（答申）」.

中央教育審議会 (2012)「新たな未来を築くための大学教育の質的転換に向けて―生涯学び続け、主体的に考える力を育成する大学へ―（答申）」.

中央教育審議会 (2014)「新しい時代にふさわしい高大接続の実現に向けた高等学校教育、大学教育、大学入学者選抜の一体的改革について（答申）」.

中央教育審議会 (2016)「幼稚園、小学校、中学校、高等学校及び特別支援学校の学習指導要領等の改善及び必要な方策等について（答申）」.

Driver, R., Newton, P., & Osborne, J. (2000). Establishing the norms of scientific argumentation in classrooms. *Science Education, 84*(3), 287-312.

Ehninger, D. & Brockriede, W. (1963). *Decision by debate.* New York: Dodd, Mead & Company.

エルンマン, M. & B.・トゥーンベリ, G. & S. (2019)『グレタ　たったひとりのストライキ』（羽根由・寺尾まち子訳）海と月社.

藤本夕衣・古川雄嗣・渡邉浩一編 (2017)『反「大学改革」論』ナカニシヤ出版.

藤代裕之 (2011)『発信力の鍛え方―ソーシャルメディア活用術―』PHP研究所.

藤原顕・荻原伸 (2019)「深い学びを生み出すための豊かな教育内容研究―高校国語科の授業を中心に―」グループ・ディダクティカ編『深い学びを紡ぎだす―教科と子どもの視点から―』勁草書房, pp. 119-136.

ハラリ, Y. N. (2020)「コロナ後の世界に警告―『サピエンス全史』のハラリ氏―」日本経済新聞電子版（2020年3月30日）. (https://www.nikkei.com/news/print-article/?R_FLG=0&bf=0&ng=DGXMZO57374690Y0A320C2000000)

波多野誼余夫・稲垣佳世子 (2006)「概念変化と教授」大津由紀雄・波多野誼余夫・三宅なほみ編『認知科学への招待2』研究社, pp. 95-110.

文献

広田照幸 (2019)『大学論を組み替える―新たな議論のために―』名古屋大学出版会.

Hitchcock, D. (2006). Good reasoning on the Toulmin model. In D. Hitchcock & B. Verheij (Eds.), *Arguing on the Toulmin model: New essays in argument analysis and evaluation* (pp. 203-218). Dordrecht: Springer.

本田由紀 (2008)『軋む社会―教育・仕事・若者の現在―』双風舎.

池野範男 (2003)「市民社会科の構想」社会認識教育学会編『社会科教育のニュー・パースペクテイブ変革と提案』明治図書, pp. 44-53.

生田久美子 (1987)『「わざ」から知る (コレクション認知科学6)』東京大学出版会.

Inglis, M., & Mejía-Ramos, J. P. (2013). How persuaded are you? A typology of responses. In A. Aberdein & I. J. Dove, *The argument of mathematics* (pp. 101-117). Dordrecht: Springer.

井上尚美 (1989)『言語論理教育入門―国語科における思考―』明治図書.

The Intergovernmental Panel on Climate Change (IPCC). (2018). *Special report: Global warming of 1.5 °C.* (https://www.ipcc.ch/sr15/)

International Baccalaureate Organization. (2020). *Diploma Programme Theory of knowledge guide: First assessment 2022.* Cardiff, UK: International Baccalaureate Organization.
(https://erhs.la/sites/default/files/global/theory_of_knowledge_guide_2022.pdf)

石井英真 (2011)『現代アメリカにおける学力形成論の展開―スタンダード論に基づくカリキュラムの設計―』東信堂.

石井洋二郎・藤垣裕子 (2019)『続・大人になるためのリベラルアーツ：思考演習12題』東京大学出版会.

礒田正美・笠一生編 (2008)『思考・判断・表現による『学び直しを求める数学の授業改善―新学習指導要領が求める対話：アーギュメンテーションによる学び方学習―』明治図書.

板倉聖宣 (1977)『仮説実験授業のABC ―楽しい授業への招待―』仮説社.

児童言語研究会言語論理教育編集委員会 (2008)『今から始める言語論理教育』一光社.

苅谷剛彦 (2000)「『中流崩壊』に手を貸す教育改革―個性教育が広げる『機会の不平等』―」『中央公論』第115巻第8号, 148-163.

仮説実験授業研究会 (1979)『授業書 燃焼』(プリント資料).

カス, L. R. 編 (2005)『治療を超えて―バイオテクノロジーと幸福の追求：大統領生命倫理評議会報告書―』(倉持武監訳) 青木書店.

河合雅司 (2017)『未来の年表』講談社現代新書.

川村教一・山下清次 (2015)「児童生徒が持つ地層変形の概念：組立て式地層変

形モデル実験装置による粉体の変形実験結果をもとにして」『秋田大学教育文化学部教育実践研究紀要』第 37 号, 37-45.

河野順子・熊本大学教育学部附属小学校編（2013）『言語活動を支える論理的思考力・表現力の育成—各教科の言語活動に「根拠」「理由づけ」「主張」の三点セットを用いた学習指導の提案—』渓水社.

Kim, M., & Roth, W.-M.（2018）. *Dialogical argumentation and reasoning in elementary science classrooms*. Leiden: Brill.

児玉康弘（2014）「社会科におけるトゥールミン図式の利用に関する再考察」『兵庫教育大学研究紀要』第 45 巻, 77-87.

国立教育政策研究所編（2007）『生きるための知識と技能 3 — OECD 生徒の学習到達度調査（PISA）：2006 年調査国際結果報告書—』ぎょうせい.

国立教育政策研究所編（2019）『生きるための知識と技能 7 — OECD 生徒の学習到達度調査（PISA）：2018 年調査国際結果報告書—』明石書店.

国立教育政策研究所（n.d.）「OECD 生徒の学習到達度調査— PISA 調査問題例—」（https://www.mext.go.jp/component/a_menu/education/detail/__icsFiles/afieldfile/2010/12/07/1284443_02.pdf）

国際バカロレア機構（2014）『ディプロマプログラム（DP）「知の理論」（TOK）指導の手引き』. Cardiff, UK: International Baccalaureate Organization.（https://www.ibo.org/contentassets/93f68f8b322141c9b113fb3e3fe11659/tok-guide-jp.pdf）

幸坂健太郎（2010）「国語科教育におけるトゥールミン・モデルの受容についての批判的検討」『論叢 国語教育学』復刊 1 号, 54-66.

黒上晴夫・小島亜華里・泰山裕（2012）『シンキングツール—考えることを教えたい—』.（http://ks-lab.net/haruo/thinking_tool/short.pdf）

桑野隆（2008）「『ともに』『さまざまな』声をだす—対話的能動性と距離—」『質的心理学研究』第 7 号, 6-20.

Lepore, J.（2012）. *The story of America: Essays on origins*. Princeton, NJ: Princeton University Press.

牧野由香里（2008）『「議論」のデザイン—メッセージとメディアをつなぐカリキュラム—』ひつじ書房.

牧野由香里（2013）「『十字モデル』で協同的に論文を組み立てる」関西地区 FD 連絡協議会・京都大学高等教育研究開発推進センター編『思考し表現する学生を育てるライティング指導のヒント』ミネルヴァ書房, pp. 32-53.

松尾知明（2015）『21 世紀型スキルとは何か—コンピテンシーに基づく教育改革の国際比較—』明石書店.

松下佳代編（2010）『〈新しい能力〉は教育を変えるか？—学力・リテラシー・コンピテンー—』ミネルヴァ書房.

松下佳代（2014）「PISA リテラシーを飼いならす—グローバルな機能的リテラ

シーとナショナルな教育内容―」『教育学研究』第 81 巻第 2 号, 14-27.

松下佳代（2016）「資質・能力の新たな枠組み―「3・3・1 モデル」の提案―」『京都大学高等教育研究』第 22 号, 139-149.

松下佳代（2017a）「科学教育におけるディープ・アクティブラーニング―概念変化の実践と研究に焦点をあてて―」『科学教育研究』第 40 巻第 2 号, 77-84.

松下佳代（2017b）「深い学びにおける知識とスキル―教科固有性と汎用性に焦点をあてて―」『教育目標・評価学会紀要』第 27 号, 1-10.

松下佳代（2017c）「学力と進学」子安増生・明和政子編『教職教養講座第 9 巻 発達と学習』協同出版, pp. 217-236.

松下佳代（2017d）「学力の国際比較」子安増生・明和政子編『教職教養講座第 9 巻 発達と学習』協同出版, pp. 237-254.

松下佳代（2019a）「深い学びを促す対話型論証」新潟大学教育学部附属新潟中学校研究会編『「主体的・対話的で深い学び」をデザインする「学びの再構成」』東信堂, pp. 2-5.

松下佳代（2019b）「中等教育改革と教育方法学の課題―資質・能力と学力の対比から―」日本教育方法学会編『教育方法 48 中等教育の課題に教育方法学はどう取り組むか』図書文化, pp. 10-22.

松下佳代（2019c）「対話型論証で教科の枠を越えた学びを創る」『国語教育』第 839 号, 8-11.

松下佳代（2019d）「汎用的能力を再考する―汎用性の 4 つのタイプとミネルヴァ・モデル―」『京都大学高等教育研究』第 25 号, 67-90.

松下佳代・京都大学高等教育研究開発推進センター編（2015）『ディープ・アクティブラーニング―大学授業を深化させるために―』勁草書房.

松下佳代・小野和宏・高橋雄介（2013）「レポート評価におけるルーブリックの開発とその信頼性の検討」『大学教育学会誌』第 35 巻第 1 号, 107-115.

Mazur, E. (1997). *Peer Instruction: A user's manual series in educational innovation.* Upper Saddle River, NJ: Prentice Hall.

マズール, E.（2015）「理解か、記憶か？―私たちは正しいことを教えているのか―」松下佳代・京都大学高等教育研究開発推進センター編『ディープ・アクティブラーニング―大学授業を深化させるために―』勁草書房, pp. 143-164.

McNeill, K. L., & Krajcik, J. (2011). *Supporting grade 5-8 students in constructing explanations in science.* Boston, MA: Pearson.

文部科学省（2017）『中学校学習指導要領（平成 29 年告示）解説：数学編』日本文教出版大阪.

文部科学省（2019）『高等学校学習指導要領（平成 30 年告示）解説：国語編』東洋館出版社.

中村大輝（2018）「発見の文脈における評価に関する基礎的研究」『理科教育学研究』第 59 巻第 2 号, 197-204.

中洌正堯他（2016）『現代の国語Ⅰ』三省堂.

難波博孝（2018）『ナンバ先生のやさしくわかる論理の授業―国語科で論理力を育てる―』明治図書.

丹原惇・小野和宏・松下佳代・斎藤有吾・西山秀昌・秋葉陽介（2018）「論証モデルを用いたアカデミックライティングの授業デザインの有効性―初年次と2年次のレポート評価結果にもとづいて―」大学教育学会2018年度課題研究集会（長崎国際大学），ポスター発表.

丹原惇・斎藤有吾・松下佳代・小野和宏・秋葉陽介・西山秀昌（2020）「論証モデルを用いたアカデミック・ライティングの授業デザインの有効性」『大学教育学会誌』第41巻第2号，125-134.

日本学術会議（2010）「回答：大学教育の分野別質保証の在り方について」．（http://www.scj.go.jp/ja/info/kohyo/pdf/kohyo-21-k100-1.pdf）

日本学術会議大学教育の分野別質保証推進委員会法学分野の参照基準検討分科会（2012）「報告：大学教育の分野別質保証のための教育課程編成上の参照基準法学分野」．（http://www.scj.go.jp/ja/info/kohyo/pdf/kohyo-22-h166-2.pdf）

日本学術会議言語・文学委員会古典文化と言語分科会（2020）「提言：高校国語教育の改善に向けて」．（http://www.scj.go.jp/ja/info/kohyo/pdf/kohyo-24-t290-7.pdf）

日本学術会議史学委員会中高大歴史教育に関する分科会（2019）「提言：歴史的思考力を育てる大学入試のあり方について」．（http://www.scj.go.jp/ja/info/kohyo/pdf/kohyo-24-t283-2.pdf）

日本学術会議史学委員会史学分野の参照基準検討委員会（2014）「報告：大学教育の分野別質保証のための教育課程編成上の参照基準　歴史学分野」．（http://www.scj.go.jp/ja/info/kohyo/pdf/kohyo-22-h140909.pdf）

ノーマン, D. A.（1990）『誰のためのデザイン？―認知科学者のデザイン原論―』（野島久雄訳）新曜社.

野矢茂樹（2001）『論理トレーニング101題』産業図書.

OECD.（2000）. Measuring student knowledge and skills: *The PISA 2000 assessment of reading, mathematical and scientific literacy*.（http://www.oecd.org/education/school/programmeforinternationalstudentassessmentpisa/33692793.pdf）

荻原伸（2019）「読むことと書くこと。さらに読むこと書くこと」『月刊 国語教育研究』第569号，22-27.

尾原康光（1991）「社会科授業における価値判断の指導について」全国社会科教育学会『社会科研究』第39号，70-83.

小野和宏・松下佳代（2016）「初年次教育におけるレポート評価」松下佳代・石井英真編『アクティブラーニングの評価』東信堂，pp. 26-43.

ロススタイン, D.・サンタナ, L.（2015）『たった一つを変えるだけ―クラスも教

師も自立する「質問づくり」―』（吉田新一郎訳）新評論.

Sadler, D. R.（2014）. The futility of attempting to codify academic achievement standards. *Higher Education, 67*（3）, 273-288.

齊藤萌木（2016）「説明モデルの精緻化を支える社会的建設的相互作用」『認知科学』第 23 巻第 3 号, 201-220.

斎藤貴男（2000）『機会不平等』文藝春秋.

斎藤有吾・小野和宏・松下佳代（2017）「ルーブリックを活用した学生と教員の評価のズレに関する学生の振り返りの分析― PBL のパフォーマンス評価における学生の自己評価の変容に焦点を当てて―」『大学教育学会誌』第 39 巻第 2 号, 48-57.

坂本美紀・山口悦司・西垣順子・山本智一・稲垣成哲（2012）「理科教育研究における記述のアーギュメントの評価フレームワーク」『科学教育研究』第 36 巻第 4 号, 356-367.

坂本ナンシー・直塚玲子（1982）『Polite fictions: Why Japanese and Americans seem rude to each other（異文化間の理解と誤解）』金星堂.

坂本ナンシー・坂本示洋（2011）『Polite fictions in collision: Why Japanese and Americans seem rude to each other（異文化との出会い・誤解・理解）』金星堂.

坂本尚志（2017）「専門教育は汎用的でありえるか―ジェネリック・スキルとバカロレア哲学試験―」藤本夕衣・古川雄嗣・渡邉浩一編『反「大学改革」論』ナカニシヤ出版, pp. 171-187.

佐長健司（2019）『社会科教育の脱中心化―越境的アプローチによる学校教育研究―』大学図書出版.

サンデル, M.（2010）『完全な人間を目指さなくてもよい理由―遺伝子操作とエンハンスメントの倫理―』（林芳紀・伊吹友秀訳）ナカニシヤ出版.

佐藤郁哉編（2018）『50 年目の「大学解体」20 年後の大学再生―高等教育政策をめぐる知の貧困を越えて―』京都大学学術出版会.

佐藤学（1995）「学びの対話的実践へ」佐伯胖・藤田英典・佐藤学編『学びへの誘い（シリーズ 学びと文化①）』東京大学出版会, pp. 49-91.

佐伯胖・大村彰道・藤岡信勝・汐見稔幸（1989）『すぐれた授業とは何か―授業の認知科学―』東京大学出版会.

清家篤（2012）「学問による貢献」『IDE 現代の高等教育』第 537 号, 14-18.

清水一彦（2001）「学校教育制度におけるアーティキュレーションの問題―課題意識の変容と教育課題―」『教育制度研究』第 8 号, 8-23.

白石藍子・鈴木宏昭（2009）「相互レビューによる論証スキルの獲得」鈴木宏昭編『学びあいが生みだす書く力―大学におけるレポートライティング教育の試み―』丸善プラネット, pp. 87-112.

白水始（2020）『対話力―仲間との対話から学ぶ授業をデザインする―』東洋館

出版社.

Slob, W. H. (2006). The voice of the other: A dialogico-rhetorical understanding of opponent and of Toulmin's rebuttal. In D. Hitchcock & B. Verheij (Eds.), *Arguing on the Toulmin model: New essays in argument analysis and evaluation* (pp. 165-180). Dordrecht: Springer.

鈴木宏昭 (2017)「教育ごっこを超える可能性はあるのか？―身体化された知の可能性を求めて―」『大学教育学会誌』第 39 巻第 1 号, 12-16.

鈴木宏昭・舘野泰一・杉谷祐美子・長田尚子・小田光宏 (2007)「Toulmin モデルに準拠したレポートライティングのための協調学習環境」『京都大学高等教育研究』第 13 号, 13-24.

舘昭 (2006)『原点に立ち返っての大学改革』東信堂.

田島充士 (2014)「異質さと向き合うためのダイアローグ―バフチン論からのメッセージ―」『心理学ワールド』第 64 号, 9-12.

富田英司・丸野俊一 (2004)「思考としてのアーギュメント研究の現在」『心理学評論』第 47 巻第 2 号, 187-209.

Toulmin, S. E. (1958). *The uses of argument*. Cambridge, UK: Cambridge University Press.

Toulmin, S. E. (2003). *The uses of argument* (updated ed.). Cambridge, UK: Cambridge University Press. トゥールミン, S. (2011)『議論の技法―トゥールミンモデルの原点―』(戸田山和久・福澤一吉訳) 東京図書.

Toulmin, S., Rieke, R., & Janik, A. (1984). *An introduction to reasoning* (2nd ed.). New York: Macmillan.

辻香代 (2020)「母語使用を取り入れた外国語ライティング教育に関する研究」京都大学博士 (教育学) 学位論文.

鶴田清司 (2009)「論理的な思考力・表現力の育成に向けて―根拠・理由・主張の三点セット―」『国語教育』第 703 号, 30-34.

鶴田清司 (2017)『論理的な思考力・表現力を育てる三角ロジック―根拠・理由・主張の 3 点セット―』図書文化社.

Verheij, B. (2006). Evaluating arguments based on Toulmin's scheme. In D. Hitchcock & B. Verheij (Eds.), *Arguing on the Toulmin model: New essays in argument analysis and evaluation* (pp. 181-202). Dordrecht: Springer.

渡部泰明 (2014)『絵で読む百人一首』朝日出版.

渡辺雅子 (2006)「日米仏の思考表現スタイルを比較する―3 か国の言語教育を読み解く―」『BERD』第 6 号, 21-26. (https://berd.benesse.jp/berd/center/open/berd/2006/10/pdf/10berd_04.pdf)

渡辺雅子 (2007)「日・米・仏の国語教育を読み解く―『読み書き』の歴史社会学的考察―」『日本研究』第 35 巻, 573-619.

文献

Wineburg, S., Martin, D., & Monte-Sano, C. (2011). *Reading like a historian: Teaching literacy in middle and high school history classrooms.* New York: Teachers College Press.

Wineburg, S., & Schneider, J. (2010). Was Bloom's taxonomy pointed in the wrong direction? *Phi Delta Kappan*, December 2009/January 2010, 56-61.

山田耀（2019）「明治維新―明治150年の新潟から―」新潟大学教育学部附属新潟中学校研究会編『「主体的・対話的で深い学び」をデザインする「学びの再構成」』東信堂, pp. 34-37.

山口裕之（2017）『「大学改革」という病―学問の自由・財政基盤・競争主義から検証する―』明石書店.

山本智一（2014）「小学校理科教育におけるアーギュメント構成能力の育成」神戸大学博士（教育学）学位論文.
（http://www.lib.kobe-u.ac.jp/handle_kernel/D1006165）

横山雅彦（2017）『ロジカル・リーディング―三角ロジックで英語がすんなり読める―』大和書房.

索　引

著者略歴

京都大学大学院教育学研究科教授。京都大学博士（教育学）。
京都大学大学院教育学研究科博士後期課程学修認定退学。京都大学
教育学部助手、群馬大学教育学部助教授、京都大学高等教育教授シ
ステム開発センター助教授を経て、2004 年より現職。現在、日本カ
リキュラム学会代表理事、大学教育学会副会長、日本学術会議会員
等を務める。専門は、教育方法学、大学教育学。とくに能力、学習、
評価をテーマに研究と実践を行っている。
主な著作に、『パフォーマンス評価』（日本標準、2007 年）、『〈新し
い能力〉は教育を変えるか―学力・リテラシー・コンピテンシー
―』（編著、ミネルヴァ書房、2010 年）、『高校・大学から仕事への
トランジション―変容する能力・アイデンティティと教育―』（編
著、ナカニシヤ出版、2014 年）、『ディープ・アクティブラーニング
―大学授業を深化させるために―』（編著、勁草書房、2015 年）、
『アクティブラーニングの評価』（編著、東信堂、2016 年）、*Deep
Active Learning: Toward Greater Depth in University Education*
(ed., Springer, 2017) など。

対話型論証による学びのデザイン
学校で身につけてほしいたった一つのこと

2021 年 2 月 20 日　第 1 版第 1 刷発行
2022 年 9 月 20 日　第 1 版第 5 刷発行

著　者　松　下　佳　代

発行者　井　村　寿　人

発行所　株式会社　勁　草　書　房

112-0005 東京都文京区水道2-1-1　振替　00150-2-175253
（編集）電話 03-3815-5277／FAX 03-3814-6968
（営業）電話 03-3814-6861／FAX 03-3814-6854
三秀舎・中永製本